ELISABETH ENGLER

GEWÜRZE AUS DEM THERMOMIX®

KRÄUTERSALZ, WÜRZPASTEN UND RUBS EINFACH SELBST HERSTELLEN

riva

Bibliografische Information der Deutschen Nationalbibliothek
Die Deutsche Nationalbibliothek verzeichnet diese Publikation in der Deutschen Nationalbibliografie. Detaillierte bibliografische Daten sind im Internet über http://d-nb.de abrufbar.

Für Fragen und Anregungen
info@rivaverlag.de

Wichtige Hinweise
Sämtliche Inhalte dieses Buches wurden – auf Basis von Quellen, die die Autorin und der Verlag für vertrauenswürdig erachten – nach bestem Wissen und Gewissen recherchiert und sorgfältig geprüft. Alle Rezepte in diesem Buch wurden für den Thermomix® TM5 entwickelt und mit diesem getestet. Bitte beachten Sie: Der Mixtopf des Thermomix® TM5 ist größer als der des TM31 (Kapazität von 2,2 Litern anstatt 2,0 Liter beim TM 31). Daher dürfen aus Sicherheitsgründen die Rezepte aus diesem Buch nur dann mit dem TM31 nachgekocht werden, wenn die Mengen angepasst wurden. Achten Sie auf die Füllstandsmarkierungen und überschreiten Sie die maximale Füllmenge nicht. Der Verlag und die Autorin haften für keine nachteiligen Auswirkungen, die in einem direkten oder indirekten Zusammenhang mit den Informationen stehen, die in diesem Buch enthalten sind. Thermomix® ist ein eingetragenes Warenzeichen der Vorwerk & Co. KG. Diese Publikation ist kein offizielles Lizenzprodukt der Vorwerk & Co. KG.

Ausschließlich zum Zweck der besseren Lesbarkeit wurde auf eine genderspezifische Schreibweise sowie eine Mehrfachbezeichnung verzichtet. Alle personenbezogenen Bezeichnungen sind somit geschlechtsneutral zu verstehen.

Originalausgabe
4. Auflage 2022

Türkenstraße 89
80799 München
Tel.: 089 651285-0
Fax: 089 652096

Redaktion: Caroline Kazianka
Umschlaggestaltung: Laura Osswald
Umschlagabbildungen: Vorderseite: Julia Sudnitskaya/Shutterstock.com; zoryanchik/Shutterstock.com; stockcreations/Shutterstock.com; Rückseite: Heike Rau/Fotolia.com; lovelymama/Fotolia.com
Satz: Satzwerk Huber, Germering
Druck: Florjancic Tisk d.o.o., Slowenien
Printed in the EU

ISBN Print 978-3-7423-0525-1
ISBN E-Book (PDF) 978-3-7453-0079-6
ISBN E-Book (EPUB, Mobi) 978-3-7453-0080-2

Weitere Informationen zum Verlag finden Sie unter
www.rivaverlag.de
Beachten Sie auch unsere weiteren Verlage unter www.m-vg.de

ELISABETH ENGLER

GEWÜRZE AUS DEM THERMOMIX®

KRÄUTERSALZ, WÜRZPASTEN UND RUBS EINFACH SELBST HERSTELLEN

INHALT

Vorwort

Gewürze geben dem Essen den besonderen »Kick«: Süßlich, scharf, bitter, säuerlich, je nach Geschmack und Zusammenstellung der Zutaten verändern, verfeinern und ergänzen sie unsere Speisen. Interessant sind auch Gewürzmischungen aus anderen Ländern und Kulturkreisen, mit denen wir im Handumdrehen exotische Gerichte zaubern können. Doch schenken Gewürze nicht nur einen besseren Geschmack, viele davon steigern auch die Bekömmlichkeit, besonders bei fetten und schwer verdaulichen Gerichten, und fördern den Stoffwechsel.

Wie einfach es sein kann, feine Gewürzmischungen und Würzpasten im Thermomix® selbst herzustellen, werden Sie bei der Lektüre und beim Nachmachen der folgenden Rezepte feststellen.

Als Geschenk, hübsch verpackt in einem netten Gläschen, werden sie viel Freude bringen und sind, in der Regel, recht preiswert. Allerdings wird das Ergebnis nur dann richtig gut, wenn man auch hochwertige und frische Zutaten verwendet. Alte, ausgetrocknete, zu lange gelagerte Gewürze können keine besonderen Geschmackserlebnisse hervorbringen. Bezugsquellen und Importeure, mit denen ich gute Erfahrungen machen durfte, sind deshalb im hinteren Teil des Buches unter der Rubrik »Bezugsquellen« angegeben.

Gewürzkauf ist Vertrauenssache. Bereits im Mittelalter wurden dabei viele Betrügereien getrieben, die nicht selten mit dem Tod bestraft wurden. Sogar heute noch wird zum Beispiel minderwertiger oder (zumeist mit Saflorblüten) gestreckter Safran teuer verkauft. Daher kann ich nur empfehlen: Wählen Sie einen Händler, der gute Ware zu einem vernünftigen Preis anbietet.

Im Thermomix® werden die meisten unserer Würzmischungen gemahlen, dadurch werden die Gewürze und Salze recht feinpulverig. Die große Oberfläche verstärkt die Aromen (wie ätherische Öle), man muss sie also sparsamer dosieren als gröbere Varianten. Der Nachteil ist, dass sie schneller ausrauchen, also nicht so lange haltbar sind – wir verwenden schließlich keinerlei Konservierungsstoffe. In der Regel sollten wir unsere Schätzchen daher richtig, nämlich kühl, trocken und dunkel lagern und innerhalb von 2–4 Monaten verbrauchen. Wie Sie nach dem ersten Probieren feststellen werden, wird Ihnen das nicht besonders schwerfallen.

Viel Erfolg und Freude an Ihren eigenen Gewürzkreationen wünscht Ihnen
Ihre
Elisabeth Engler

Verwendete Abkürzungen

In den angegebenen Rezepten werden folgende Kürzel und Begriffe verwendet:

MB	Messbecher (durchsichtiger Innendeckel zum Abdecken und Abmessen)
Mixtopf	Koch- und Mixbehälter des Thermomix®
Stufe ...	Rührstufe (Drehgeschwindigkeit)

Richtig trocknen

Zur Herstellung unserer Kräutersalze und Gewürzmischungen benötigen wir Kräuter und teils auch Gemüse, Früchte oder unbehandelte Zitrusschalen. Man kann sie sowohl frisch als auch getrocknet verwenden. Es gilt jedoch immer: So wohlschmeckend ganz frische Kräuter auch sind, im Salz werden sie bereits nach wenigen Wochen fad und verlieren Duft, Aroma und Farbe. Eine Lösung ist das Einfrieren von fertigem Kräutersalz in mehreren Portionen, eine andere das Trocknungsverfahren. Dabei verwenden wir entweder bereits vorab getrocknete Bestandteile oder mahlen das Gemüse und die Kräuter im Mixtopf zu einem groben Brei, den wir dann mit dem Salz vermischen und im Backofen schonend bei niedrigen Temperaturen trocknen. Diese Zubereitung geht schnell und bringt gute Ergebnisse, das Trocknen an sich dauert allerdings mehrere Stunden.

So geht's

Gemüse wie Pastinaken, Petersilienwurzeln, Karotten, Rote Bete, Knollensellerie, Schwarzwurzel, Zwiebeln und Schalotten schälen und in möglichst dünne Scheibchen schneiden bzw. **Gewürze** wie Knoblauch, Ingwer, Galgant, Kurkumawurzeln, Chili ebenfalls schälen bzw. putzen und sehr fein aufschneiden oder hacken. **Kräuter** wie Basilikum (eignet sich nicht ganz so gut), Petersilie, Dill, Schnittlauch, Koriandergrün, Bärlauch etc. waschen, trocken schütteln und die dicken Stiele entfernen.

Dann gutes, grobkörniges Meersalz in eine Auflaufform (für kleinere Mengen) füllen oder auf einem Backblech ausbreiten. Die benötigte Menge Salz schwankt zwischen 500 Gramm und 1 Kilogramm. Nun das Trockengut möglichst gut verteilt darauf ausbreiten und das Ganze bei 50–70 °C auf der mittleren Schiene in den Backofen schieben (wer einen Dörrapparat hat, verwendet diesen). In die Backofentür einen Kochlöffel klemmen, damit der entstehende Dampf herauskann (oder gelegentlich die Backofentür öffnen). Mindestens 4–6 Stunden oder über Nacht (bei dicker geschnittenen Scheiben, Gemüse mit hohem Wasseranteil und größeren Mengen länger, Kräuter eher kürzer) trocknen. Es muss richtig schön rascheln, wenn man das Trocknungsmaterial zwischen den Fingern zerreibt, Wurzeln, Früchte und Gemüse müssen sich leicht brechen lassen, dann sind sie fertig getrocknet.

Aufbewahren

In verschließbare, am besten dunkle Gläschen, Dosen oder Beutel füllen, luftdicht verschließen und innerhalb von etwa 3–4 Monaten aufbrauchen.

Zum Hinunterschieben des fein gemahlenen Kräuterpulvers verwenden wir den Spatel oder, noch besser, einen sauberen und trockenen Backpinsel. Damit bekommt man auch Reste vom Deckel gut ab und kann anschließend das Gewürz direkt im Mixtopf nochmals gut durchmischen.

Pastinaken, Zitronenschale und Ingwer vor und nach dem Trocknen im Ofen

Übersichtstabellen

Kräutersalz	Zutaten	Gut für	Seite
Bärlauchsalz	Bärlauch, Limettenabrieb, Pfeffer, Meersalz, Zwiebeln	statt Knoblauch	19
Basilikum-Orangen-Salz	Basilikum, Orangenabrieb, Meersalz, schwarzer Pfeffer	Fleisch, Geflügel, Kartoffeln, vegetarische Gerichte, Früchte, Salat	22
Buntes Pfeffersalz	diverse Pfeffer, Meersalz, Zitronenabrieb, Zucker	Marinaden, zum Kurzbraten und Grillen	23
Feines Trüffelsalz	Trüffel, Zitronenabrieb, Pfeffer, Meersalz, Fleur de Sel	Fleisch, Fisch, Pasta, Kartoffeln, Gemüse, Risotto, auf Brot, Ziegenkäse, Pilzsaucen, Salat, Radieschen	26
Feines Zitrus-schalensalz	Chili, diverse Zitrusschalen, Steinsalz, Zucker	Fisch, Jakobsmuscheln, Schweinefleisch, Käse, Kartoffeln, Tofu, Gemüse, Spargel, Risotto, Pasta	30
Himbeersalz mit Ingwer	Ingwer, Himbeeren, Meersalz, schwarzer Pfeffer	Geflügel, Schweine- und Kalbfleisch, Fisch, Meeresfrüchte, Jakobsmuscheln, Käse, Salatdressing, Suppen, Saucen, Rote Bete, Beizen, Marinaden	25
Maracuja-Chili-Salz	Maracuja, Meersalz, Chili, Vanille, weißer Pfeffer, Zitronenabrieb	helles Fleisch, Fisch, Meeresfrüchte, Käse, Tofu, Hülsenfrüchte, exotische Reisgerichte, Eintöpfe, Curry, Saucen, Marinaden, Salat-dressing	29
Orientalisches Muskatsalz	Steinsalz, Macis, Muskat-nuss, schwarzer Pfeffer, Paprikapulver, Ingwer, Koriander, Selleriesamen	Kartoffeln, Rahmspinat, Gemüsecremesuppen, Pasta, Gratin	32
Pommeswürzer	Paprikapulver, Zwiebeln, Mersalz, Senfkörner, Zucker, schwarzer, Pfeffer,Currypul-ver, Knoblauch	Pommes frites, Chips, Kartoffelgratin, Rösti	28
Rosmarinsalz mit Knoblauch	Rosmarin, Thymian, Knoblauch, Zitronenabrieb, Meersalz	Marinaden, Saucen, Bruschetta, Fleisch, Fisch, Tofu, Gemüse	18
Rotweinsalz mit Kakao-Nibs	Steinsalz, Zucker,Tonka, Chili Kakao-Nibs, Rotwein	dunkles Fleisch, Wild, Geflügel, Fisch, Meerestiere, Käse, Tofu, reife Früchte, Fruchtsalat, Marinaden	27
Schnelles Kräuter-salz	Kristallsalz, Petersilie, Dill, Zwiebel, Knoblauch, italienische Kräuter, Pfeffer	Grillfleisch, Fisch, Tofu, Hülsenfrüchte, Pasta, Reis, Saucen, Gemüse	21

Kräutersalz	Zutaten	Gut für	Seite
Thymiansalz mit rotem Pfeffer	Meersalz, Thymian, roter Pfeffer, Knoblauch	Marinaden, Kurzgebratenes, Tofu, Gemüse, Kartoffeln, Bratkartoffeln, Frischkäse, Ziegenkäse	24
Vanillesalz	Vanille, Fleur de Sel, Meersalz, Kurkuma	Fisch, Meeresfrüchte, Kaninchen, Geflügel, Spargel, asiatische Gerichte, Desserts	20
Wakame-Algen-Salz	Sesam, Meersalz, Wakame, Chili, Zitronenabrieb, schwarzer Pfeffer	Meeresfrüchte, Fisch, Salat, Tofu, Gemüse, Wokgerichte, Pilze, Frischkäse, Suppen	34
Wildsalz mit Aroniabeeren	Chili, Steinsalz, Aroniabeeren, Tonka, Piment, Wacholderbeeren, Paprikapulver, schwarzer Pfeffer, Petersilienwurzel, Zitronenmelisse, Rosmarin, Zucker	Wildgerichte, Geflügel, Kalb, dunkles Fleisch, Eintöpfe, Saucen, Marinaden	33

Gewürzmischung	Zutaten	Gut für	Seite
Blütengewürz	Blütenmischung, Salatkräuter, Limettenabrieb, Pfeffer, Fleur de Sel, Zucker	Blattsalat, Vorspeisen, Käse, Tofu, Wild, Reis, Tomaten, Nudeln, Saucen, Brot	44
Brotgewürz	Koriander, Fenchelsamen, Kümmel, Ingwer, Muskatnuss, Zucker, evtl. Kräuter	Bauern- und Roggenbrot, Sauerteigbrot, Gewürzbrot	50
Ducky Duck	Zitronenabrieb, Steinsalz, Pfeffer, Piment, Muskatnuss, Kurkuma, Paprikapulver	Geflügel	38
Fischers Fritze	Schalotten, Petersilie (Wurzel, Grün), Zitronenabrieb, Knoblauch, Thymian, Basilikum, Rosmarin, Pfeffer, Koriander, Paprikapulver, Meersalz	Fisch und Meeresfrüchte, Marinaden zum Grillen	43
Garam Masala	Zimt, Sternanis, Nelken, Kardamom, Kreuzkümmel, schwarzer Pfeffer, Chili, Koriander, Muskatnuss, Ingwer	Currys, Hackfleisch, Meeresfrüchte, Tofu, Hülsenfrüchte, Kichererbsen, Linsen, Reis, Gemüse, Asiatisches	40

Gewürzmischung	Zutaten	Gut für	Seite
Halali-Wildgewürz	Salbei, Zimtblüten, Zimtstange, Lorbeer, Wacholder, Muskatnuss, Piment, Rosmarin, Thymian, Pfeffer, Steinsalz	Wildbeizen, dunkle Saucen	48
Indischer Currywürzer	Pfeffer, Cayennepfeffer, Koriander, Kümmel, Kreuzkümmel, Paprikapulver, Thymian, Fenchelsamen, Muskatnuss, Ingwer, Steinsalz, Zucker	Currys, Kokosmilchsaucen	46
Kartöffels	Senfkörner, Fenchelsamen, Kreuzkümmel, Kümmel, Selleriesamen, Pfeffer, Chili, Kurkuma, Rosmarin, Thymian, Knoblauch, Zwiebeln, Majoran, Muskatnuss, Paprikapulver, Kristallsalz, Zucker	alle Arten von Kartoffeln, Tofu, Steaks	37
Pfefferkuchengewürz	Koriander, Nelken, Piment, Muskatnuss, Kardamom, schwarzer Pfeffer, Zucker, Zimt, Ingwer, Orangenabrieb, Vanille, Macis	Lebkuchen, Gewürzkuchen, Apfelstrudel, Bratäpfel, Weihnachtsschokolade, Gewürzhonig	49
Würzig wie nie	Fleur de Sel, Pfeffer, Chili, Kreuzkümmel, Macis, Paprikapulver, Tomate, Zitronenabrieb, Galgant, Pastinake	Grillmarinaden, Beizen, Fleisch, Fisch, Geflügel, Scampi, Tofu, Gemüse	36
Zitronenpfeffer	Zitronenabrieb, Ingwer, schwarzer und weißer Pfeffer, Petersilienwurzel, Zucker, Meersalz, Zitronengras, Kurkuma,	Fleisch, Fisch, Meeresfrüchte, Tofu, Hülsenfrüchte, Saucen, Gemüse, Pasta, Käse, Sandwiches	42

Rub	Zutaten	Gut für	Seite
Bayrisch Dust	Petersilie, Kümmel, Knoblauch, Paprika, schwarzer Pfeffer, Senf, Bohnenkraut, Schnittlauch, Zucker, Salz	Rind, Schwein, Aufstrich, Käse, Tomaten, Gemüse	62
Coffee-Rub	Kaffeebohnen, Zucker, Paprika, Zwiebeln, Knoblauch, Kardamom, schwarzer Pfeffer, Chipotle Chili, Orangenschale, Salz	Schwein, Kalb, Huhn, Pute, Fisch, Curry	54
Hold that Chicken!	Paprika, schwarzer Pfeffer, Pul Biber, Macis, Zitronenschale, Ingwer, Zimt, Zwiebeln, Knoblauch, Zucker, Selleriesamen, Rauchsalz	Geflügel, Kartoffelchips	52
Hot Magic Rub	Paprika, Jalapeno Chipotle Chili, Cayennepfeffer, Oregano, Knoblauch, schwarzer Pfeffer, Rosmarin, Senf, Kreuzkümmel, Salz, Zucker	Rind, Schwein, Ente, Hühnchen, Gemüse, Butter	60
Kardamom-Mandarinen-Rub	Kardamom, Rohrzucker, Mandarinenschalenpulver, Kurkuma, Kreuzkümmel, Salz, Ingwer, Paprika, schwarzer Pfeffer	Schwein, Kalb, Huhn, Pute, Fisch, Currys	56
Lamm-Rub	Thymian, Majoran, Lorbeer, Knoblauch, schwarzer Pfeffer, Senf, Zitronenschale, Paprika, Zucker, Salz	Lamm, Gemüse, Hähnchen, Eintopf	59
Ratzfatz-BBQ-Rub	Salz, Zucker, schwarzer Pfeffer, Senf, Knoblauch, Zwiebeln, Paprika, italienische Kräuter	Rindfleisch, Hähnchen, Gemüse	53

Würzpasten	Zutaten	Gut für	Seite
Chimichurri	Petersilie, Zitrone, Chili, Knoblauch, Oregano, Senfkörner, schwarzer Pfeffer, Zucker, Olivenöl	Tofu, Fisch, Fleisch, Grillgemüse, Salatdressing, Pasta, Hähnchen, Omelett, Eierspeisen, Brot, Hülsenfrüchte	68
Gemüsesuppen-paste	gemischtes Suppengemüse, Schalotten, Stangensellerie, Petersilienwurzel, Knob-lauch, Petersilie, Lorbeer, Meersalz, Zucker, Rosmarin, Nelken, schwarzer Pfeffer, Olivenöl, Tomatenmark	Suppe, Kochwasser von Kartoffeln, Nudeln, Reis, Bratensauce	71
Grüne Chilipaste	grüne Chili, Fenchelsamen, Koriander, Kreuzkümmel, schwarzer Pfeffer, Galgant, Kaffirlimette, Knoblauch, Schalotten, Kokosöl, Öl, Zitronenabrieb, Salz, Zucker	Currys, Pfannengerichte, asiatische Gerichte, Gemüse, Suppen, Saucen	69
Ingwerpaste süß-sauer	Ingwer, Zitrone, Gelier-zucker, Sake	Saucen, Eintöpfe, Currys, Desserts, Eis, aufs Brot	72
Indische Gewürz-butter (Tadka)	Knoblauch, Kreuzkümmel, Anis, Kurkuma, schwarzer Pfeffer, Asa foetida, Ghee	Hülsenfrüchte, Eintöpfe	64
Kräuterpaste	Basilikum, Petersilie, Estragon, Salbei, Knoblauch, Steinsalz, schwarzer Pfeffer, Pinienkerne, Sonnenblu-menöl	Fondue, Gegrilltes, Saucen, Dressings, Suppen, Gemüse, Aufläufe, Hülsenfrüchte, Pasta	70
Pasta, basta!	Paprika, Zwiebeln, Sellerie, Karotten, Knoblauch, Tomaten, Olivenöl, Tomatenmark, Oregano, Petersilie, Rosmarin, Thymian, Meersalz, schwarzer Pfeffer, Zucker, Weißwein	Nudelgerichte, Tomatensugo für Pizza, Kartoffelgerichte, Eintöpfe, Fleischgerichte, Gemüse, Saucen, Suppen	66
Rote Chilipaste	Knoblauch, Zitronengras, Chili, Ingwer, Erdnussöl, Öl, Zucker, Meersalz	Tofu, Fleisch, Pfannengerichte, Currys, asiatisches Gemüse, Gegrilltes, Aufstrich, Pasta, Hülsenfrüchte	74
Zwiebelzauber	Zwiebeln, Zitrone, Äpfel, Knoblauch, Kokosöl, Zucker, Steinsalz, schwarzer Pfeffer, Chili, Paprikapulver, Nelken	Saucen, Marinaden, Suppen, als Brotaufstrich	76

Aromazuckerl	Zutaten	Gut für	Seite
Andalusischer Honigtraum	Pistazien, Zitronenabrieb, Ingwer, Anis, Vanille, Honig, Rosenwasser	Aufstrich, Desserts, Joghurt, Pudding, Fruchtsalat, Dressing	86
Apfelpunsch-Zuckerl	Zimt, Muskatnuss, Nelken, Vanille, Zucker	Apfelsaft, Apfelwein, Glühwein, Kuchen, Desserts	78
Bengalenzucker	Kokosflocken, rosa und schwarzer Pfeffer, Tonkabohne, Ananas, Zucker, Muscovado	Milchschaum, Sahne, Kuchen, Desserts, Shakes, Cocktails, Smoothies, Eis, Milchgetränke, Marinaden, Dressing	88
Chilizucker	Chili, Zitronenabrieb, Zimt, Nelken, Piment, Vanille, Zucker	Heißgetränke, Früchte, Desserts, Eis, Pralinen, Marmeladen, Chutneys, Fruchtsaucen	80
Gewürzhonig	Honig, Pfefferkuchengewürz, Kakaopulver, Zimt, Mandeln	Aufstrich, Heißgetränke, Bratäpfel, Tee, Kuchen, Gebäck	83
Hagebutten-Rosmarin-Zuckerl	Hagebutten, Vanille, Rosmarin, Orangenabrieb, Zucker	Fruchtsalat, Eis, Desserts, Saucen, Marmelade, Gelee, Shakes	81
Himbeerzuckerl	Himbeeren, Zucker, Zitronenmelisse, Zitronenabrieb	Desserts, Cocktails, Cremespeisen, Gebäck, Salatdressing, Eis, Fruchtsalat, Früchte	84
Kaffeezuckerl	Pfefferkuchengewürz, Kakao, Zucker	Milchschaum für Kaffeespezialitäten, Kakao, Kuchen, Desserts, Shakes, Smoothies, heiße Milch	90
Karamellzucker	Zucker, Zitronenabrieb, Zimt, Wasser	Heißgetränke, Fruchtsalat, Eis, Pudding, Cremespeisen, Pralinen, Dressing, Marinaden,	82
Orangen-Ingwer-Zückerli	Orangen, Ingwer, Vanille, Zucker, Zimt	Quark-, Joghurt-, Cremespeisen, Marmelade, Gelee, Gebäck, Kuchen, Marinaden, Currys	89
Veilchenzucker	Veilchenblüten, Zitronenabrieb, Zucker	Patisserie, Gebäck, Kuchen, Desserts, Eis, Früchte, Cocktails, Salatsaucen	79

KRÄUTERSALZ

Rosmarinsalz mit Knoblauch

Getrocknet schmeckt Rosmarin nicht so intensiv wie frisch, aber besonders wenn man ihn pulverfein mahlt, lässt er sich sehr gut in der Küche verwenden und veredelt viele Gerichte. Wer frische Kräuter bevorzugt, mischt sie grob geschnitten mit dem Salz, füllt sie in ein verschließbares Glas und lässt alles 3 Tage lang durchziehen. Dann an der Luft trocknen lassen und, wenn alles ganz trocken ist, im Mixtopf mahlen wie angegeben.

Verwendung:
Mediterrane Küche, Grillmarinaden, Fleisch, Fisch, Meeresfrüchte, Tofu, Gemüse; passt fast überall dazu. Ein selbst gebackenes Brot wie z. B. Baguette oder Ciabatta schmeckt besonders gut mit Rosmarinsalz und etwas Olivenöl.

Für 1 Glas mit ca. 100 ml
Zubereitung: 2 Min.

25 g Rosmarin, getrocknet
10 g Thymian, getrocknet
5 g Knoblauch, getrocknet
½ TL Bio-Zitronenabrieb, getrocknet
65 g Meersalz, grob

1. Rosmarin, Thymian, Knoblauch und Zitronenabrieb **30 Sek./ Stufe 10/ mit MB** mahlen. Mit dem Spatel oder Pinsel nach unten schieben und durchrühren. Salz zugeben und nochmals **25 Sek./Stufe 10/mit MB** mahlen.
2. In ein Glas abfüllen und dunkel lagern.

Bärlauchsalz

Am aromatischsten ist Bärlauch frisch gepflückt, da duftet er intensiv nach Knoblauch und Frühling. Auch wenn er getrocknet wesentlich milder schmeckt, hat er dennoch ein deutliches Knoblaucharoma, das oft auch von Leuten gut vertragen wird, die echten Knoblauch nicht essen können. Eine Alternative zum Trocknen ist das Einfrieren des mit dem frischen Kraut zubereiteten Salzes, am besten portionsweise. Steht es zu lange, schmeckt frisches Kräutersalz ansonsten strohig und nach altem Gras. Nur junge Bärlauchblätter verwenden.

Verwechslungsgefahr vor allem mit dem giftigen Maiglöckchen und der hochgiftigen Herbstzeitlosen!

Verwendung:
Für die schnelle Herstellung von Bärlauchbutter; zu allen Gerichten, bei denen auch Knoblauch verwendet wird.

Für 1 Glas mit ca. 150 ml
Zubereitung: 6 Min.
Trocknungsdauer: 4–6 Std.

30 g Bärlauchblätter, frisch
Abrieb von ½ Bio-Limette, frisch
½ TL Pfefferkörner
100 g Meersalz, grob
1 EL Zwiebeln, gefriergetrocknet

1. Bärlauch unter kaltem Wasser abspülen und gut trocknen. Quer in 1 cm breite Streifen schneiden. Limettenschale und Pfefferkörner mit den Bärlauchblättern im Mixtopf **5 Sek./Stufe 4/mit MB** hacken. Meersalz zugeben und **10 Sek./Stufe 4/mit MB** mischen.
2. Auf ein mit Backpapier belegtes Backblech ausstreichen und bei 60 °C im Backofen (Ober-/Unterhitze) mit eingeklemmtem Kochlöffel 4–6 Stunden lang trocknen lassen. Die Zwiebeln untermischen und anschließend alles im Mixtopf **15 Sek./Stufe 5–8/mit MB** ansteigend mahlen. In ein Glas abfüllen.

Alternativ dazu: Bärlauch, Gewürze und Salz nicht trocknen und frisch 10 Sek./Stufe 4/mit MB grob mahlen. Dann keine Zwiebeln verwenden. Anschließend in ein Glas abfüllen und bald verbrauchen oder nach Belieben portionsweise einfrieren.

Vanillesalz

Normalerweise wird Vanille nur in süßen Gerichten und Kuchen verwendet. Doch dass sie auch in pikante und scharfe Speisen eine warme Grundnote bringen kann, beweist dieses feine Vanillesalz. In den landestypischen Küchen der Anbauländer wie Madagaskar wird Vanille, soweit die Menschen dort sie sich leisten können, gern häufig verwendet.

Verwendung:
Vor allem für Fisch und Meeresfrüchte wie Jakobsmuscheln und Scampi sehr beliebt, aber auch zu Spargel, Kaninchen, Geflügel, asiatischen Gerichten und, sparsam dosiert, in Desserts und Karamellsauce.

Für 1 Glas mit ca. 150 ml
Zubereitung: 4 Min.
Reifezeit: 3 Tage
Trocknungsdauer: 3–4 Std.

1 Vanillestange
50 g Fleur de Sel
100 g Meersalz, grob
1 Prise Kurkuma, gemahlen (für eine ansprechende gelbe Farbe)

1. Die Vanillestange längs aufschlitzen und das Mark herauskratzen. Mit dem Fleur de Sel gut mischen. In ein Glas füllen und 3 Tage lang ziehen lassen. Die Schote in Stücke schneiden und mit dem Meersalz vermengt entweder ein paar Tage lang an der Luft (abgedeckt mit einem Tuch) oder im Backofen bei 70 °C 3–4 Stunden lang trocknen.
2. Danach Kurkuma zufügen und alles im Mixtopf **30 Sek./Stufe 4 ansteigend auf 7/mit MB** fein mahlen. Das mit dem Vanillemark gemischte Fleur de Sel zugeben und **10 Sek./Stufe 4/ohne MB** mischen.
3. Anschließend in ein Glas abfüllen oder nach Belieben portionsweise einfrieren. Am besten schmeckt das Salz, wenn es ein paar Tage lang ziehen darf.

Schnelles Kräutersalz

Hierfür werden getrocknete oder gefriergetrocknete Kräuter verwendet, die entweder selbst im Backofen gedörrt oder fertig gekauft werden. Eine gute Möglichkeit, sich schnell ein leckeres und hochwertiges Kräutersalz herzustellen. Der Knoblauch kann nach Geschmack auch weggelassen werden.

Verwendung:
Ersetzt fast überall einfaches Salz. Zu gegrilltem und gebratenem Fleisch, Fisch, Tofu, Hülsenfrüchten, Pasta, Reis, Saucen, Gemüse. Auch für die Herstellung von Kräuterbutter.

Für 1 Glas mit ca. 150 ml
Zubereitung: 3 Min.

- 2 EL Kristallsalz
- 2 EL Petersilie, getrocknet
- 1 EL Dill, getrocknet
- 1 EL Zwiebel, getrocknet
- 1 TL Knoblauch, getrocknet
- 2 EL italienische Kräutermischung, getrocknet
- 1 TL Pfeffer, ganz

1. Alles zusammen in den Mixtopf abmessen. Unter den Messbecher ein frisches Küchentuch legen, denn die Kräutermischung staubt sehr!
2. Nun in mehreren Intervallen jeweils **5–10 Sek./Stufe 10/mit MB** fein mahlen. Zwischendurch mit dem Backpinsel Pulver hinunterschieben.
3. Anschließend Kräutersalz in ein Glas oder einen Salzstreuer abfüllen.
4. Hält sich 6 Monate.

Basilikum-Orangen-Salz

Sowohl das Basilikum als auch die Orange sind Stars der mediterranen Küche, die mittlerweile auch bei uns im kühleren Norden selbstverständlich geworden ist. Diese Kombination beider Gewürze bringt uns den Sommer wie eine leichte Meeresbrise an den Tisch. Gepaart mit einem guten Salz eine frische Würzmischung mit fruchtig-säuerlichem Aroma.

Verwendung:
Zu Fleisch, Geflügel, Kartoffeln und vegetarischen Gerichten, Tofu, Hülsenfrüchten, Früchten, Salat.

Für 1 Glas mit ca. 100 ml
Zubereitung: 5 Min.
Trocknungsdauer: 3–4 Std.

1 Topf Basilikum
1 EL Bio-Orangenabrieb, frisch
100 g Meersalz, grob
1 TL schwarzer Pfeffer

1. Basilikum unter kaltem Wasser abspülen und gut ausschütteln. Blätter abzupfen, grob hacken und mit dem Orangennabrieb zum Salz geben. Auf ein mit einem Küchentuch (saugt besser als Backpapier) belegtes Backblech verteilen und im Backofen auf mittlerer Schiene bei 50 °C 3–4 Stunden lang trocknen, bis alles gut gedörrt ist.
2. Die Mischung nun mit dem Pfeffer in den Mixtopf geben und **20 Sek./Stufe 5/mit MB** mahlen. Mit dem Pinsel nach unten schieben und durchrühren, dann nochmals **30 Sek./Stufe 10/mit MB** zur gewünschten Körnung fein mahlen.
3. Danach in ein Glas abfüllen und bald verbrauchen. Hält sich 3 Monate.

Buntes Pfeffersalz

Diese Mischung verschiedener aromatischer Pfeffersorten unbedingt gut verschlossen aufbewahren und am besten innerhalb von 3 Monaten verbrauchen, da es dann viel von seinem Aroma verliert.

Verwendung:
Zu kurz gebratenem und gegrilltem Fleisch, Tofu und Gemüse; für Steaks und Braten: mit etwas Öl anrühren als scharfe Marinade oder einfach das Fleisch darin wenden.

Für 1 Glas mit ca. 100 ml
Zubereitung: 3 Min.

1 TL schwarzer Pfeffer, ganz
1 TL weißer Pfeffer, ganz
1 TL roter Pfeffer (echter), ganz
1 TL grob gehackter Langer Pfeffer
1 TL Szechuanpfeffer, ganz
50 g Meersalz, grob
1 TL Bio-Zitronenabrieb, getrocknet
1 TL brauner Zucker

1. Alle Pfeffersorten in den Mixtopf geben und **15 Min./120 °C/Stufe 1/ohne MB** rösten. Dann **10 Sek./Stufe 8/mit MB** mahlen. Mit dem Pinsel nach unten schieben.
2. Salz, Zitronenabrieb und Zucker zufügen. **20 Sek./Stufe 10/mit MB** fein mahlen und abfüllen.

Thymiansalz mit rotem Peffer

Wir verwenden hier den echten roten Pfeffer, den Kampot-Pfeffer aus Vietnam (Bezugsquelle siehe Anhang). Er hat ein besonders fruchtiges, intensives Aroma und ist recht selten.

Verwendung:
Mit Öl mischen als Grillmarinade; zu Kurzgebratenem, Tofu, Gemüse, Kartoffeln, Bratkartoffeln, Frischkäse, Ziegenkäse.

Für 1 Glas mit ca. 100 ml
Zubereitung: 1 Min.

70 g Meersalz, grob
3 TL Thymian, getrocknet
2 TL roter Pfeffer
1 TL Knoblauch, getrocknet

1. Alle Zutaten in den Mixtopf geben und **15 Sek./Stufe 8/mit MB** mahlen, dann in ein Glas abfüllen.
2. Alternativ kann man auch frischen Thymian (nur die Blätter, 1 EL voll) und Knoblauch (in feine Scheiben aufschneiden) mit dem Salz vermischen und lufttrocknen lassen, dann wie oben beschrieben mahlen. Hält sich 4–6 Monate.

Himbeersalz mit Ingwer

In unserem Rezept bleiben die Fruchtkerne im Salz. Wer dies nicht will, lässt die Himbeeren erst auftauen und streicht sie dann durch ein feines Sieb, um die Kerne zu entfernen, bevor das Fruchtmus mit dem Salz und dem Ingwer vermischt wird. Am besten dann die Menge an Himbeeren um 15 Prozent erhöhen. Himbeersalz ist auch farblich ein Genuss und somit ein gern gesehenes Mitbrinsel! Allerdings nimmt das Himbeeraroma durch die Trocknung ab. Wer mag, kann auch getrocknete Kräuter mit verwenden (Rosmarin, Zitronenmelisse, Zitronenschale).

Verwendung:
Zu Geflügel, Schweine- und Kalbfleisch, Fisch, Meeresfrüchten, Jakobsmuscheln, Käse, Roten Beten, für Salatdressing, Suppen, Saucen, Beizen und Marinaden, als Tischsalz.

Für 1 Glas mit ca. 100 ml
Zubereitung: 5 Min.
Reifezeit: 3 Tage
Trocknungsdauer: 3–4 Std.

5 g Ingwer, frisch, geschält
70 g Meersalz, grob
30 g TK-Himbeeren
10 Körner schwarzer Pfeffer

1. Ingwer klein schneiden, alle Zutaten zusammen in ein Glas füllen und 3 Tage lang ruhen lassen. Dann auf einem mit Backpapier belegten Backblech verteilen und bei 60 °C im Backofen (Ober-/Unterhitze) mit eingeklemmtem Kochlöffel 3–4 Stunden lang trocknen lassen.
2. Anschließend im Mixtopf **15 Sek./Stufe 5/mit MB** und **5 Sek./Stufe 6/mit MB** mahlen. So ist das Salz relativ grobkörnig und lässt sich gut als Tischsalz verwenden. Soll es feiner sein, nochmals **15 Sek./Stufe 10/mit MB** pulverisieren.
3. In ein Glas abfüllen und verschließen. Hält sich 6 Monate.

Feines Trüffelsalz

Trüffelsalz soll vor allem in den Jahreszeiten, in denen der Trüffel nicht mehr frisch zu erhalten ist, die feine Küche bereichern. Der Trüffel kann eingelegt oder frisch verarbeitet werden, denn das Salz konserviert ihn und nimmt die Aromastoffe gut auf. Schon beim Öffnen des Vorratsglases schwebt der unvergleichliche Duft nach Trüffel in die Nase – und zwar ohne billige Ersatzstoffe! Auch für verwöhnte Gaumen ein Freude bringendes Geschenk …

Verwendung:
Trüffelsalz bereichert sowohl kalte als auch warme Gerichte. Aufgrund des dominanten Aromas jedoch sparsam verwenden und am besten auch ohne weitere Gewürze. Passt zu Fleisch, Fisch, Pasta, Kartoffeln, Gemüse, Risotto, auf Bruschetta und Sandwich sowie zu Ziegenkäse, in Pilzsaucen und zu Salat mit z. B. Radieschen.

Für 1 Glas mit ca. 100 ml
Zubereitung: 3 Min.

9 g schwarzer Trüffel
1 Prise Bio-Zitronenabrieb, getrocknet
½ TL Pfefferkörner
50 g Meersalz, grob
30 g Fleur de Sel

1. Trüffel abwaschen, trocknen und aufschneiden. Mit dem Zitronenabrieb, den Pfefferkörnern und dem grobem Meersalz in den Mixtopf geben und **15 Sek./Stufe 10/mit MB** mahlen.
2. Das Fleur de Sel zugeben und **15 Sek./Stufe 5/mit MB** mischen. Das Salz soll nicht zu fein gemahlen sein.
3. In ein Glas füllen und bis zum Gebrauch ein paar Tage lang durchziehen lassen.
4. Hält sich etwa 3 Monate, danach baut es rapide ab.

Rotweinsalz mit Kakao-Nibs

Da der Alkohol während des Trocknens verdunstet, kann dieses Salz unbedenklich auch Kindern gegeben werden. Um den Rotweingeschmack nicht zu überdecken, verwenden wir hier nur 1 EL Kakao-Nibs, wer das Salz jedoch noch »schokoladiger« haben möchte, verdoppelt die Menge.

Verwendung:
Dieses exquisite Salz passt zu dunklem Fleisch, Wild, Rind, Geflügel, Fisch, Meerestieren, Käse, Tofu und (sparsam) über reife Früchte. Aromatisiert Fruchtsalat, Marinaden und Saucen.

Für 1 Glas mit ca. 120 ml
Zubereitung: 4 Min.
Reifezeit: 2 Tage
Trocknungsdauer: über Nacht

- 100 g Steinsalz, grob
- ½ EL Rohrohrzucker
- 1 Tonkabohne, gehackt
- 1 Prise Chili, gemahlen
- 1 geh. EL Kakao-Nibs (fermentierte Kakaobohnen), (alternativ Kakaopulver, 100 %)
- 30 ml dunkler Rotwein

Verwenden Sie als Basissalz auch einmal das Himbeersalz mit Ingwer statt des Steinsalzes. Einfach mit den Gewürzen mahlen und nicht mit Rotwein aromatisieren.

1. Salz, Zucker, Tonkabohne, Chili und Kakao-Nibs im Mixtopf **10 Sek./Stufe 4/ohne MB** mischen. Den Rotwein zugeben und erneut **10 Sek./Stufe 4/ohne MB** vermengen. In ein Schraubglas füllen und zwei Tage lang ruhen lassen, damit sich die Aromen gut verbinden.
2. Dann das Gemisch auf einem mit Backpapier belegten Backblech dünn verteilen und im Backofen bei 50 °C Ober-/Unterhitze über Nacht trocknen lassen. Dabei regelmäßig den entstehenden Wasserdunst herauslassen oder einen Kochlöffel in die Backofentür einklemmen. Wenn die Mischung gut durchgetrocknet ist, in den Mixtopf geben und **25 Sek./Stufe 10/mit MB** fein mahlen.
3. In ein Glas abfüllen. Innerhalb von 4 Monaten verbrauchen.

Pommeswürzer

Schon einmal selbst gemachte Kartoffelchips probiert? Mit unserem Pommeswürzer werden sie der Hit bei Ihren Gästen sein! Aber auch die berühmten Pommes frites, fettreduziert im Ofen gebacken, schmecken toll. Zusätzliches Salz ist eigentlich nicht mehr nötig. Der Pommeswürzer ist gerade auch bei Kindern beliebt und etwas milder als die »Kartöffels«-Gewürzmischung. Übrigens auch ein tolles Geschenk!

Verwendung:
Kartoffelgerichte wie Pommes frites, Kartoffel- oder Süßkartoffelchips (aus der Friteuse oder im Ofen gebacken), Kartoffelgratin, Rösti.

Für 1 Glas mit ca. 200 ml
Zubereitung: 3 Min.

50 g Meersalz, grob
1 TL Senfkörner, gelb
3 EL Paprikapulver, edelsüß
1 EL Zwiebeln, getrocknet
1 EL brauner Rohrzucker
½ TL schwarzer Pfeffer, ganz
1 EL Currypulver
1 TL Knoblauchgranulat (nach Belieben)
½ TL geräuchertes Paprikapulver (nach Belieben)

1. Alle Zutaten im Mixtopf **25 Sek./Stufe 8–10/mit MB** ansteigend mahlen.
2. In ein Glas oder einen Gewürzstreuer abfüllen. Innerhalb von 4 Monaten aufbrauchen.

Maracuja-Chili-Salz

Das fruchtig-exotische Aroma der Maracuja vermischt mit scharfem Chili, harmonischer Vanille und würzigem Meersalz ergibt eine feine Mischung. Eignet sich auch sehr gut als überraschendes Geschenk.

Verwendung:
Vor allem zu hellem Fleisch, Fisch, Meeresfrüchten, Käse, Tofu, Hülsenfrüchten, exotischen Reisgerichten und Eintöpfen, Curry, in Saucen, Marinaden, Salatdressing und als besondere Note im Fruchtsalat.

Für 1 kleines Glas mit 100 ml
Zubereitung: 5 Min.
Reifezeit: 2 Tage
Trocknungsdauer: 3–4 Std.

- 1 Maracuja (Passionsfrucht), entspricht ca. 20 g Fruchtfleisch
- 60 g Meersalz, grob
- ½TL Chilipulver
- 1 Prise weißer Pfeffer
- ⅓ TL Vanillepulver
- ½ TL Bio-Zitronenabrieb, getrocknet

1. Fruchtfleisch der Maracuja herauskratzen. Mit dem Salz vermengt in ein Schraubglas füllen, und 2 Tage lang ruhen lassen, damit sich die Aromen gut verbinden.
2. Dann das Gemisch auf einem mit Backpapier belegten Backblech verteilen und im Backofen bei 60 °C Ober-/Unterhitze mit eingeklemmtem Kochlöffel etwa 3–4 Stunden lang trocknen lassen. Alternativ kann man das Salz auch auf einen Teller streichen und abgedeckt mit Küchenpapier etwa 3 Tage an der Luft trocknen lassen.
3. Dann mit den Gewürzen in den Mixtopf geben und alles **20 Sek./Stufe 10/mit MB** fein mahlen. Mit dem Pinsel nach unten schieben und Vorgang wiederholen.
4. Mischung in einen verschraubbaren Gewürzstreuer füllen. Innerhalb von 3–4 Monaten verbrauchen.

Feines Zitrusschalensalz

Dass sich Zitronen und Salz lieben, hat sich spätestens seit der Erfindung aus Marokko und Italien, den berühmten Salzzitronen, gezeigt. Je nach der Art der verwendeten Zitrusfrucht (Grapefruit, Orange, Zitrone, Limone) wird dieses Salz bitterer oder milder. Grundsätzlich lässt sich Zitrussalz auch mit frisch geriebener Schale herstellen. Dann hält sich das Aroma jedoch nur etwa 2 Wochen, und das Salz verklebt schnell. Die Variante mit den getrockneten Schalen ist gut haltbar und schmeckt superlecker. Wer mag, kann auch zum Schluss ein paar getrocknete Zitruszesten in Stücken untermischen. Achtung, Suchtgefahr!

Verwendung:
Für Gerichte, die eine leicht säuerliche, fruchtig-frische Note gut vertragen wie Fisch, Jakobsmuscheln, Schwein, aber auch zu Käse, Kartoffeln, Tofu, Gemüse, Spargel, Risotto und Pasta.

Für 1 Glas mit ca. 150 ml
Zubereitung: 8 Min.

1 getrocknete Chilischote
Abrieb von 1 Bio-Limette, getrocknet
Abrieb von 1 Bio-Zitrone, Abrieb
Abrieb von 1 Bio-Orange
100 g Steinsalz, grob
1 TL weißer Zucker

1. Samen und Stielansatz der Chili entfernen. Den Abrieb aller Zitrusfrüchte mit der Chilischote und der Hälfte vom Salz und dem Zucker im Mixtopf **10 Sek./Stufe/mit MB** hacken.
2. Restliches Salz zugeben, Pulver mit dem Pinsel nach unten streifen und alles **10–30 Sek./Stufe 8/mit MB** so fein wie gewünscht mahlen. Abfüllen und dunkel lagern. Innerhalb von 4 Monaten verbrauchen.

Orientalisches Muskatsalz

Gemahlen verliert Muskatnuss schnell seine ätherischen Öle, daher nur kleine Mengen herstellen und sofort in ein gut verschließbares und dunkles Gefäß abfüllen. In den hier verwendeten Mengen gibt es keine Probleme hinsichtlich der gefürchteten »Rauschgefahr«, dazu müsste man nämlich mindestens zwei oder mehr ganze Muskatnüsse auf einmal verzehren.

Verwendung:
Besonders gut schmeckt Muskatsalz zu Gerichten, in denen Sahne und Käse verwendet werden, außerdem zu Kartoffeln, Rahmspinat, Gemüsecremesuppen, Pasta und Gratins.

Für 1 Glas mit ca. 160 ml
Zubereitung: 5 Min.

2 Macisblüten, in Stücken oder gemahlen (1 g)
1 Muskatnuss (3–4 g)
1 TL schwarzer Pfeffer, ganz
1 TL Paprikapulver, mild
1 TL Ingwer, getrocknet
1 TL Koriandersamen
½ TL Selleriesamen
70 g Steinsalz, grob

1. Die Macisblüte erst zwischen den Fingern zerkleinern. Die Muskatnuss mit einem scharfen Messer grob zerschneiden. Dann alle Gewürze mit dem Salz im Mixtopf erst **15 Sek./Stufe 8/mit MB** hacken, mit dem Spatel oder Pinsel nach unten schieben und durchmischen.
2. Dann nochmals **30 Sek./Stufe 1/mit MB** mahlen, bis ein feines Pulver entstanden ist.
3. In ein Gewürzglas abfüllen und dunkel lagern. Hält sich 3–4 Monate.

Wildsalz mit Aroniabeeren

Das dunkelrote Gewürzsalz verfügt über eine eher herb-fruchtige Note. Am besten als Tischsalz verwenden oder nur ganz kurz im Gericht ziehen lassen. Superschnell hergestellt, ist dieses Gewürz auch ein außergewöhnliches Geschenk für Wildfreunde.

Verwendung:
Passt sehr gut zu Wildgerichten, aber auch zu Geflügel, Kalb, dunklem Fleisch, Eintöpfen, Saucen und Marinaden, ein wenig davon schmeckt auch gut in Salaten.

Für 1 Glas mit ca. 150 ml
Zubereitung: 7 Min.

- 1 Chilischote, getrocknet
- 50 g Steinsalz
- 30 g Aroniabeeren, getrocknet
- 1 Tonkabohne, grob gehackt
- 4 Pimentkörner
- 3 Wacholderbeeren
- 1 EL Paprikapulver
- 1 TL schwarzer Pfeffer, ganz
- 5 g Petersilienwurzel, getrocknet
- 3 Triebspitzen Zitronenmelisse, getrocknet
- 1 TL Rosmarin, getrocknet
- 1 TL Zucker

1. Die Chili entkernen. Alle Zutaten zusammen in den Mixtopf abmessen und **20 Sek./Stufe 10/mit MB** mahlen. Mit dem Pinsel nach unten streichen und nochmals **30 Sek./Stufe 10/mit MB** fein mahlen.
2. Dann in ein Glas abfüllen. Hält sich 4 Monate.

Wakame-Algen-Salz

Algen sind nicht nur ausgesprochen gesund, sie schmecken auch richtig köstlich – nach Meer und Süden. Dieses würzige Salz nur kurz ohne Kochen im Gericht ziehen lassen oder erst nach dem Garen als Tischsalz verwenden.

Verwendung:
Zu Meeresfrüchten, Fisch, Tofu, Salaten, asiatischen Gerichten aus dem Wok, Frischkäse, Pilzen, Suppen und Gemüse.

Für 1 Glas mit ca. 200 ml
Zubereitung: 15 Min.

1 EL Sesamsamen
80 g Meersalz, grob
10 g Wakame, getrocknet
1 Chilischote, getrocknet
1 TL Bio-Zitronenabrieb, getrocknet
10 Körner schwarzer Pfeffer
1 EL Sojasauce

1. Sesam im Mixtopf **12 Min./120 °C/Sanftrührstufe/mit MB** rösten. Dann **5 Sek./Stufe 5/mit MB** hacken. Mit dem Pinsel nach unten streichen. Restliche Zutaten zugeben und **30 Sek./Stufe 10/mit MB** fein mahlen.
2. Salz in ein Glas abfüllen und noch ein paar Tage lang Aroma ziehen lassen. Hält sich 3 Monate.

GEWÜRZ-MISCHUNGEN

Würzig wie nie

Deftige, leicht orientalische Gewürzmischung. Wer es sehr scharf mag, erhöht den Chilianteil deutlich!

Verwendung:
Für Grillmarinaden, Beizen, zu Fleisch, Geflügel, Fisch, Scampi, Tofu, Grill-, Bratgemüse, orientalischen Gerichten.

Für 1 Glas mit ca. 100 ml
Zubereitung: 5 Min.

20 g Fleur de Sel
10 g schwarzer Pfeffer
10 g geräucherte Chili
10 g Kreuzkümmel oder
5 g Koriander
10 g Macisblüte
20 g geräuchertes Paprikapulver
10 g Tomaten, getrocknet
5 g Bio-Zitronenabrieb, getrocknet
10 g Galgant, getrocknet
5 g Pastinake, getrocknet

1. Alle Zutaten im Mixtopf **20 Sek./Stufe 5/mit MB** hacken. Mit dem Pinsel nach unten schieben und **30 Sek./Stufe 10 /mit MB** fein mahlen.
2. Anschließend Mischung in Gewürzbehälter abfüllen. Am besten innerhalb von 4 Monaten verbrauchen.

Kartöffels

Diese aromatische, etwas scharfe Würzmischung ist schnell hergestellt. Da die automatische Waage des Thermomix® nur in 5-Gramm-Schritten wiegt, sollte man eine Digitalwaage mit noch kleineren Einheiten verwenden. Wer mehr als die angegebene Menge braucht, kann die Mengen auch verdoppeln. Wird schnell zum Lieblingsgewürz!

Verwendung:
Passt zu jedem Kartoffelgericht wie Ofenkartoffeln, Kartoffelsalat, Gratin, Püree; gibt auch Rösti und Pommes frites sowie Bratkartoffeln eine pikante Note. Doch auch Gegrilltes, Kürbisgerichte, Kurzgebratenes, Tofu sowie Fisch und Marinaden schmecken damit gewürzt gut.

Für 1 Glas mit ca. 200 ml
Zubereitung: 20 Min.

- 5 g Senfkörner, gelb
- 6 g Fenchelsamen
- 6 g Kreuzkümmelsamen
- 3 g Kümmelsamen
- 5 g Selleriesamen
- 10 g Pfefferkörner
- 7 g Chili, getrocknet
- 60 g Kristallsalz, körnig
- 10 g brauner Zucker
- 8 g Kurkuma, gemahlen
- 5 g Rosmarin, getrocknet
- 2 g Thymian, getrocknet
- 5 g Knoblauch, getrocknet
- 5 g Zwiebeln, getrocknet
- 2 g Majoran, getrocknet
- 1 g Muskatnuss
- 65 g Paprikapulver, edelsüß

1. Senfkörner, Fenchel- und Kreuzkümmelsamen, Kümmel, Selleriesamen, Pfeffer und Chili im Mixtopf **15 Min./120 °C/Stufe 1/ohne MB** rösten. Dann **5 Sek./Stufe 5/mit MB** mahlen.
2. Restliche Zutaten zugeben und erst **15 Sek./Stufe 5/mit MB**, dann **20 Sek./Stufe 10/mit MB** fein mahlen.
3. In ein Glas abfüllen. Hält sich gut 4–6 Monate.

Ducky Duck

Je nach Vorliebe lässt sich dieses feine Gewürz auch scharf gestalten: 1–2 getrocknete Chilischoten, mit oder ohne Samen (mit wird dann die ganz scharfe Variante), zwischen den Fingern leicht zerbröseln und gleich mit dem Zitronenabrieb etc. mahlen.

Verwendung:
Wie der Name schon sagt, ein wunderbar aromatisches Gewürz für Ente, Huhn, Gans, Geflügel. Zum Einpinseln oder Marinieren von einer ganzen Ente z. B. 5 TL Ducky Duck mit 3 EL Wasser, 2 EL Sherry, 2 EL braunem Rohrzucker und 2 EL Balsamico verrühren und Ente dann wie gewohnt im Bräter in den Backofen geben.

Für 1 Glas mit ca. 150 ml
Zubereitung: 5 Min.

Abrieb von 1 Bio-Zitrone, getrocknet
2 EL Steinsalz, grob
½ TL Pfefferkörner
2 Pimentkörner
¼ Muskatnuss, grob zerstoßen
½ EL Kurkuma, gemahlen
2 EL Paprikapulver, mild

1. Zitronenabrieb, Salz, Pfeffer, Piment und Muskatnuss in den Mixtopf geben und **5 Sek./Stufe 10/mit MB** hacken. Dann mit dem Spatel nach unten schieben und nochmals **10 Sek./Stufe 10/mit MB** mahlen.
2. Kurkuma- und Paprikapulver zugeben, alles **10 Sek./Stufe 10/ mit MB** fein mahlen.
3. Anschließend in ein Glas füllen und beschriften. Hält sich 3–4 Monate.

Garam Masala

Diese Gewürzmischung aus Indien ist nicht nur dort beliebt. Frisch hergestellt und ohne Zusätze schmeckt sie am besten. Meist wird sie für die Zubereitung von Currys, häufig Fleischcurrys, verwendet. Man gibt sie entweder gleich zu Beginn in das Ghee und röstet sie darin kurz an oder kocht sie im Gericht noch ein paar Minuten lang mit. Eher sparsam verwenden.

Verwendung:
Gut für Fleisch- und Fischcurrys, Hackfleischgerichte, Meeresfrüchte, Tofu, Hülsenfrüchte, Kichererbsen, Linsen, Reisgerichte, Gemüse, exotisch-asiatische Gerichte.

Für 1 Glas mit ca. 100 ml
Zubereitung: 20 Min.

1 Zimtstange
1 Sternanis
2 TL Nelken
1 EL grüner, ganzer Kardamom
2 TL Kreuzkümmel
2 TL schwarzer Pfeffer
1 Chilischote, getrocknet
1 TL Koriandersamen
½ Muskatnuss
2 TL Ingwer, getrocknet (nach Belieben)

1. Zimtstange und Sternanis in einen Gefrierbeutel geben und mit dem Fleischklopfer grob zerklopfen. Mit den Nelken, dem Kardamom, Kreuzkümmel, Pfeffer, der zerkrümelten Chilischote, dem Koriander und der Muskatnuss in den Mixtopf geben und **15 Min./120 °C/Stufe 1/ ohne MB** rösten, bis es fein nach Gewürzen duftet. Wenn sich das Messer schlecht dreht, **2 Sek./Stufe 5/mit MB** hacken.
2. Den Ingwer nach Belieben zugeben und alles **60 Sek./Stufe 6–10/ mit MB** mahlen. Wenn nötig, mit dem Pinsel nach unten streichen und noch einmal **20 Sek./Stufe 10/mit MB** zu einem feinen Pulver mahlen.
3. In ein luftdichtes Gefäß abfüllen und innerhalb von 3 Monaten verbrauchen.

Zitronenpfeffer

Unser Zitronenpfeffer ist nicht, wie sonst üblich, grob geschrotet. Durch die feine Körnung, die wir mit dem Thermomix® erreichen, haben die Gewürze eine größere Oberfläche und würzen intensiver. Daher sparsam dosieren! Die leicht säuerlichen und gut scharfen Aromen sind sehr erfrischend und lecker. Wer mag, kann auch noch 1 TL getrocknete Zitronenmyrte mitmahlen.

Verwendung:
Zum Würzen und Marinieren von Fleisch, Fisch, Meeresfrüchten, Tofu, Hülsenfrüchten, Saucen, Gemüse, Pasta; für orientalische und asiatische Gerichte; lecker auf Käse und Sandwiches.

Für 1 Glas mit ca. 100 ml
Zubereitung: 5 Min.

1 TL Bio-Zitronenabrieb, getrocknet (3 g)
2 TL Ingwer, getrocknet (2 g)
1 EL schwarzer Pfeffer, ganz (ca. 20 g)
1 EL weißer Pfeffer, ganz (ca. 20 g)
1 EL Petersilienwurzel, getrocknet (5 g) (entspricht etwa 2 mittelgroßen Wurzeln)
1 TL Rohrohrzucker (7 g)
30 g Meersalz, grob
2 TL Zitronengras, getrocknet (1 g, alternativ Zitronenmyrte)
1 TL Kurkuma, gemahlen

1. Zitronenabrieb, Ingwer, beide Pfeffersorten, Petersilienwurzel und Zucker im Mixtopf **15 Sek./Stufe 5/mit MB** hacken.
2. Meersalz, Zitronengras und Kurkuma zugeben und **30 Sek./Stufe 5 ansteigend auf 8/mit MB** mahlen, anschließend noch **10 Sek./Stufe 10/mit MB**.
3. In ein Glas oder einen Streuer füllen und bald verbrauchen.

Geröstete Knoblauchcrostini sind eine feine und schnelle Beilage: Ein paar Scheiben Vollkorntoast würfeln, in heißem Olivenöl, dem man eine in dünne Scheiben geschnittene Knoblauchzehe zugefügt hat, knusprig braten. Mit dem Zitronenpfeffer sparsam würzen.

Fischers Fritze

Fisch und Kräuter gehören einfach zusammen. Mit dieser Gewürzmischung bekommen feiner Fisch oder leckere Meeresfrüchte ihren letzten Schliff!
Ein Tipp: Wer oft Fisch auf den Tisch bringt, bereitet gleich eine größere Menge der Gewürzmischung zu (braucht evtl. etwas länger zum Dörren im Ofen).

Verwendung:
Ob gebacken, gebraten, gedämpft, pochiert oder gegrillt, Fischen und Meeresfrüchten bekommt diese Würzmischung einfach gut! Auch zum Würzen von Panaden bestens geeignet. Lässt sich mit etwas Öl zu einer Paste vermengen, mit der man Grillfisch einpinseln kann.

Für 1 Glas mit ca. 200 ml
Zubereitung: 10 Min.
Reifezeit: 2 Tage
Trocknungsdauer: 3–4 Std.

- 50 g Schalotten, geputzt und in Stücken
- 70 g Petersilienwurzel, geschält und in Stücken
- 2 EL Petersilienblätter
- Abrieb von 1 Bio-Zitrone, frisch
- 2 Knoblauchzehen, geschält
- 1 TL Thymian, frisch
- 3 EL Basilikum, frisch
- 1 EL Rosmarin, frisch
- 3 EL Meersalz, grob
- 2 TL Pfefferkörner
- 1 TL Koriandersamen
- 1 EL Paprikapulver

1. Schalotten, Petersilienwurzel und -blätter, Zitronenabrieb, Knoblauch, Thymian, Basilikum und Rosmarin mit dem Salz im Mixtopf **10 Sek./Stufe 8/mit MB** hacken. In ein Schraubglas füllen und 2 Tage lang ziehen lassen.
2. Auf einem mit Backpapier belegten Blech dünn ausstreichen, dann im Backofen bei 60 °C Ober-/Unterhitze mit eingeklemmtem Kochlöffel 3–4 Stunden trocknen. Im Mixtopf mit Pfeffer, Koriander und Paprikapulver **25 Sek./Stufe 10/mit MB** fein mahlen. Mit dem Pinsel nach unten schieben und Vorgang wiederholen.
3. Anschließend abfüllen und luftdicht lagern. Hält sich 6 Monate.

Blütengewürz

Das Beste vom Salz, die Salzblume, trifft auf die Gartenblume: Je nach Art der verwendeten Blüten wird das Salz lieblicher oder herber im Geschmack. Sammeln Sie am besten im Garten oder an Stellen, an denen ganz sicher nicht gedüngt wird, rund um das Jahr die verschiedensten Blüten ein, und trocknen sie sorgfältig. Trocken und dunkel aufbewahren und nach Bedarf verwenden. So halten sich Frühling und Sommer das ganze Jahr über! Wer eine leicht säuerliche Note bevorzugt, verwendet zu ¼ der Blütenmischung Hibiskusblüten.

Verwendung:
Wird zumeist für frühlingsfrische Blattsalate verwendet, passt aber auch gut zu kalten und warmen Vorspeisen, Käse, Wild, Tofu, Reisgerichten, Tomaten, Nudeln und Saucen. Oder einfach über ein Butter- oder Quarkbrot streuen.

Für 1 Glas mit ca. 50 ml
Zubereitung: 3 Min.

20 g getrocknete Blütenmischung (z. B. Ringelblume, Kornblume, etwas Minzblüten, Kamille, Salbeiblüten, Kapuzinerkresse, Gänseblümchen, Thymian, Rosmarin, Rose, Apfel- und Kirschblüten, Hibiskus)
10 g getrocknete Salatkräuter, gemischt (z. B. Petersilie, Dill, Schnittlauch)
½ TL Bio-Limettenabrieb, getrocknet (nach Belieben)
½ TL Pfefferkörner
30 g Meersalz, grob
1 TL weißer Zucker

1. Blüten, Salatkräuter, Limettenabrieb und Pfefferkörner im Mixtopf mit der Hälfte des Salzes **15 Sek./Stufe 8/mit MB** zerkleinern. Restliches Salz und Zucker zugeben und **10 Sek./Stufe 5/mit MB** mixen.
2. In ein Glas abfüllen und bald verbrauchen.

Indischer Currywürzer

Gerade in Indien gibt es nicht nur superscharfe Currys, sondern auch viele aromatische und würzige Eintöpfe mit der natürlich jeweils geheimen und streng gehüteten hauseigenen Gewürzmischung. Da duftet es an allen Ecken und Enden! Ein kleines Stückchen indisches Flair können wir uns mit dieser Mischung selbst ins Haus holen.

Verwendung:
Currys und Kokosmilchsaucen, orientalische Suppen und Eintöpfe.
So geht indisches Curry superfix: 3 TL von diesem Gewürz in den Mixtopf geben, 1 Knoblauchzehe dazu, alles **10 Sek./Stufe 8/mit MB** hacken. 1 Dose (400 ml) Kokosmilch und 100 ml Wasser (oder Gemüsebrühe), 2 klein geschnittene Karotten (oder anderes Gemüse) und 400 g klein geschnittenes Hühnerfilet zufügen. **12 Min./120 °C/Stufe 1/ohne MB** kochen, mit Salz abschmecken, fertig!

Für 1 Glas mit ca. 200 ml
Zubereitung: 18 Min.

1 TL Pfefferkörner
½ TL Cayennepfeffer
1 TL Koriandersamen
½ TL Kümmelsamen
½ TL Kreuzkümmelsamen
1 EL Paprikapulver, edelsüß
1 TL Thymian, getrocknet
½ TL Fenchelsamen
1 TL Muskatnuss, gerieben
1 TL Ingwer, gemahlen
2 EL Steinsalz
2 EL Rohrohrzucker

1. Die Gewürze (ohne Salz und Zucker) im Mixtopf **15 Min./120 °C/Stufe 1/ohne MB** rösten. Dann **20 Sek./Stufe 10/mit MB** mahlen, mit dem Pinsel nach unten schieben und Vorgang wiederholen.
2. Zucker und Salz zugeben, **10 Sek./Stufe 5/mit MB** rühren. Anschließend in ein luftdichtes Glas füllen und dunkel lagern. Innerhalb von 3 Monaten aufbrauchen.

Halali-Wildgewürz

Wild 1–2 Tage lang in eine Beize (Rotwein, etwas Rotweinessig und Wasser sowie ca. 2 EL Gewürzmischung kurz aufkochen lassen, abkühlen) einlegen, abdecken und kalt stellen. Alle 12 Stunden umdrehen, dann wie gewohnt mit Wurzelgemüse schmoren lassen.

Verwendung:
Für die Beize von Wild (nicht zu viel Gewürzmischung verwenden, Salz zugeben), aber auch für die Sauce zu dunklem Fleisch. Für einen Braten von etwa 2 kg werden ca. 2 EL Gewürzmischung benötigt.

Für 1 Glas mit ca. 100 ml
Zubereitung: 6 Min.

1 Lorbeerblatt
20 Wacholderbeeren
½ Muskatnuss
6 Blätter Salbei, getrocknet
2 TL Zimtblüten
2 kleine Zimtstangen
12 Pimentkörner
1 EL Rosmarin, getrocknet
1 TL Thymian, getrocknet
2 TL Pfefferkörner
2 TL Steinsalz

1. Lorbeerblatt zwischen den Fingern zerrebeln. Wacholderbeeren etwas zerdrücken. Muskatnuss mit einem scharfen Messer in Stücke schneiden. Dann alles zusammen mit den restlichen Zutaten in den Mixtopf geben und **15 Sek./Stufe 6/mit MB** hacken.
2. In ein dunkles Glas abfüllen und bald verbrauchen.

Pfefferkuchengewürz

Vor allem in Osteuropa ist es Brauch, den Lebkuchen Pfeffer zuzugeben. In der angegebenen Menge gibt er eine kräftige Untermalung der anderen Gewürze und schmeckt nicht scharf heraus. Wer seine Gewürzmischung scharf haben will, kann die verwendete Menge verdoppeln. Im Mittelalter wurden übrigens alle Gewürze mit exotischem Geschmack wie Nelken, Piment oder Zimt als »Pfeffer« bezeichnet, daher kommt wohl auch der Name Pfefferkuchen.

Verwendung:
Für die Herstellung von Lebkuchen, Gewürzkuchen, Apfelstrudel, Weihnachtsschokolade und zur Weiterverarbeitung zu Gewürzhonig (S. 83) und Kaffeezuckerl (S. 90). Auf 500 g Mehl oder 700 g Teig rechnet man 2–3 TL Würzmischung.

Für 1 Glas mit ca. 120 ml
Zubereitung: 20 Min.

- 2 TL Koriandersamen (6 g)
- 1 TL Nelken (2 g)
- 1 TL Pimentkörner (3 g)
- 1 Muskatnuss, gehackt
- 1 TL Kardamomsamen (4 g)
- 15 Körner schwarzer Pfeffer
- 45 g Zimtstangen (ca. 12 Stück)
- 3 EL Rohrohrzucker
- ½ TL Ingwer, getrocknet (oder Ingwer, gemahlen, 1 g)
- 1 TL Bio-Orangenabrieb, getrocknet (1 g)
- 1 TL Vanille, gemahlen (1 g)
- ¼ TL Macis (Muskatblüte, 2 g)

1. Koriander, Nelken, Piment, Muskatnuss, Kardamom und Pfeffer **10 Min./120 °C/Sanftrührstufe/ohne MB** rösten (evtl. kurz auf Stufe 5 mahlen, wenn die Gewürze zu sehr am Messer schaben).
2. Zimtstangen in einen Gefrierbeutel geben und mit einem Topf grob zerklopfen. Mit dem Zucker und den restlichen Gewürzen in den Mixtopf geben und **60 Sek./Stufe 5/mit MB** hacken. Mit dem Pinsel nach unten streichen und alles **60 Sek./Stufe 8–10/mit MB** zu einem feinen Pulver mahlen. Vorgang eventuell wiederholen.
3. Abfüllen, bald verbrauchen oder einfrieren.

Brotgewürz

Gibt dunklen und Mischbroten den typischen Geschmack. Beim Brotbacken mit den trockenen Bestandteilen vermischen, bevor das Wasser dazukommt, dann verteilt sich das Gewürz besser. Salz ersetzt es nicht, es kann aber verringert werden.

Verwendung:
Zu kräftigem Bauern- und Roggenbrot, Sauerteigbroten, aber auch zu Kräuter-Gewürz-Broten passt diese Mischung ganz hervorragend; etwa 1 EL auf 1 kg Brotteig.

Für 1 Glas mit ca. 100 ml
Zubereitung: 5 Min.

2 EL Koriandersamen (6 g)
2 EL Fenchelsamen
1 EL Kümmelsamen
1 EL Ingwer, getrocknet
½ Muskatnuss, in Stücken
1 EL Rohrohrzucker
1 EL getrocknete Kräuter wie Rosmarin und Thymian (nach Belieben)

1. Alle Zutaten in den Mixtopf abmessen, dann **30 Sek./Stufe 8/mit MB** hacken. Mit dem Pinsel nach unten schieben und **30 Sek./Stufe 10/ mit MB** zu einem feinen Pulver mahlen.
2. Anschließend in ein dunkles Glas abfüllen. Hält sich 3–4 Monate.

RUBS

Hold that Chicken!

Würziger Rub im Texas Style. Rauchige Note, nur leicht scharf. Kommt immer sehr gut an.

Verwendung:
Für Geflügel, besonders lecker für knusprige Chicken Wings oder Drums.
Die Hähnchenteile abwaschen und nicht trocknen, sondern gleich mit dem Rub gleichmäßig einpudern und diesen leicht einmassieren. 1 Stunde lang ruhen lassen, dann grillen oder im Ofen backen.

Für 1 Glas mit ca. 130 g
Zubereitung: 10 Min.

35 g Paprikapulver, edelsüß
10 g geräuchertes Paprikapulver
5 g schwarzer Pfeffer, ganz
5 g Chipotle-Chili-Pulver
5 g Pul Biber oder Chiliflocken
1 gestr. TL Macisblüte (2 g) oder Muskatnuss
5 g Bio-Zitronenabrieb, getrocknet
1 TL Ingwer, getrocknet (2 g)
1 Msp. Zimt, gemahlen
10 g Zwiebeln, getrocknet
5 g Knoblauch, getrocknet
30 g brauner Rohrzucker
5 g Selleriesamen (2 TL)
15 g Rauchsalz

1. Alle Zutaten im Mixtopf **30 Sek./Stufe 10/mit MB** mahlen. Mit einem Pinsel das Pulver auch aus dem Deckel in den Mixtopf nach unten streifen und Vorgang wiederholen.
2. Rub in ein Glas füllen und dunkel und trocken bis zu 4 Monate lang lagern.

Ratzfatz-BBQ-Rub

Ein sehr schnell zusammengestellter Rub, der aber dennoch sehr lecker ist.

Verwendung:
Schmeckt vor allem zu Rindfleisch (z. B. US-Beef), verfeinert aber auch Hähnchen oder Gemüse.

Für 1 Glas mit ca. 220 ml
Zubereitung: 5 Min.

70 g Meersalz, grob
35 g brauner Rohrzucker
10 g schwarzer Pfeffer, ganz
15 g Senfkörner
10 g Knoblauch, getrocknet
15 g Zwiebeln, getrocknet
60 g Paprikapulver, edelsüß
1 EL italienische Käuter, gefriergetrocknet (1 g)
1 TL Paprika, rosenscharf oder Chilipulver (nach Belieben)

1. Alle Zutaten im Mixtopf **30 Sek./Stufe 10/mit MB** mahlen. Mit einem Pinsel das Pulver auch aus dem Deckel in den Mixtopf nach unten streifen und Vorgang wiederholen.
2. Rub in ein Glas füllen und dunkel und trocken bis zu 4 Monate lang lagern.

Coffee Rub

Coffee Rubs sind ungewöhnliche Mischungen, die meist für gegrilltes und kurz gebratenes Fleisch verwendet werden. Die kräftigen Kaffeenoten verbinden sich mit anderen vollmundigen Gewürzen und geben an das Fleisch ein wahres Feuerwerk an Aromen ab.
Essen Kinder mit, verwendet man besser entkoffeiniertes Kaffeepulver statt der Bohnen.

Verwendung:
Meist werden Coffee Rubs für Rindfleisch und Wild eingesetzt, doch auch für Hähnchen und Schwein kann man diese Mischung ausprobieren. Entweder trocken das gewaschene und abgetupfte Fleisch damit kräftig würzen und bis zu 6 Stunden lang im Kühlschrank ziehen lassen oder mit Wasser und (für Hähnchen) etwas Öl zu einer Paste anrühren und damit das Fleisch einreiben.

Für 1 Glas mit ca. 165 ml
Zubereitung: 8 Min.

35 g Kaffeebohnen
30 g brauner Rohrzucker
35 g Paprikapulver, edelsüß
5 g Zwiebeln, gefriergetrocknet
5 g Knoblauch, getrocknet
6 Kardamomkapseln
½ TL schwarzer Pfeffer, ganz (3 g)
1 geh. TL Chipotle-Chili, gemahlen
10 g Bio-Orangenabrieb, getrocknet
25 g Meersalz, grob

1. Alle Zutaten im Mixtopf **30 Sek./Stufe 10/mit MB** mahlen. Mit einem Pinsel das Pulver auch aus dem Deckel in den Mixtopf nach unten wischen und Vorgang wiederholen.
2. Rub in ein Glas füllen und dunkel und trocken bis zu 4 Monate lang lagern.

Kardamom-Mandarinen-Rub

Der würzige Kardamom ergänzt sich auf wunderbare Weise mit dem fruchtig-herben Mandarinengeschmack. Kreuzkümmel und Ingwer setzen weitere orientalische Noten.

Verwendung:
Am besten schmeckt dieser würzige Rub zu hellem Fleisch wie Schwein, Kalb, Huhn und Pute. Doch auch Fisch und Currys kann man damit lecker würzen.

Für 1 Glas mit ca. 100 ml
Zubereitung: 10 Min.

- 25 Kardamomkapseln (4 g)
- 25 g Rohrzucker
- 25 g Mandarinenschalenpulver (siehe S. 58)
- 10 g Kurkuma, gemahlen
- 5 g Kreuzkümmelsamen (1 TL)
- 15 g Meersalz, grob
- 5 g Ingwer, gemahlen
- 10 g Paprikapulver, edelsüß
- 5 g schwarzer Pfeffer, ganz

1. Alle Zutaten im Mixtopf **30 Sek./Stufe 10/mit MB** mahlen. Mit einem Pinsel das Pulver auch aus dem Deckel in den Mixtopf nach unten streifen und Vorgang wiederholen.
2. Rub in ein Glas füllen und dunkel und trocken bis zu 4 Monate lang lagern.

Mandarinenschalenpulver

Dieses Pulver schmeckt trotz des Zuckers nicht wirklich süß. Die fruchtig-bittere Note der Mandarinenschale verbindet sich mit dem Salz und gibt Gewürzmischungen ein frisches Aroma. Man kann so ein Pulver auch aus Zitronen, Limetten, Orangen oder Grapefruits herstellen, aber bitte unbedingt nur aus Bio-Früchten, die eine essbare, unbehandelte Schale haben.

Für 1 Glas mit ca. 75 ml
Zubereitung: 10 Min.
Trockenzeit: 5–7 Tage (je nach Raumtemperatur und Feuchte)

4 Bio-Mandarinen
60 g brauner Rohrzucker
10 g Meersalz, grob

1. Mandarinen gründlich abwaschen und abtrocknen. Die Schalen mit einer Reibe abreiben und mit dem Zucker und dem Salz in einer Schüssel gründlich vermischen. Auf einem mit einem Stück Backpapier belegten Speiseteller verteilen und an der Luft mit einem Stofftuch abgedeckt mehrere Tage lang trocknen lassen, bis alles ganz fest ist.
2. Dann in Stücke brechen und im Mixtopf **30 Sek/Stufe 10/mit MB** fein mahlen.
3. Pulver in ein Schraubglas füllen und dunkel lagern. Hält sich bis zu 6 Monate.

Achtung: Wichtig ist, dass die Schalen richtig gut durchgetrocknet sind!

Lamm-Rub

Lammfleisch wird meist mit Kräutern und Knoblauch gewürzt. Das wird mit diesem Rub viel einfacher und schmeckt ebenfalls sehr gut.

Verwendung:
Vor allem Lammkoteletts, -keule und -braten (z. B. aus der Keule) schmecken mit dieser Würzung hervorragend. Doch auch Gemüse und Eintöpfe sowie Hähnchenteile lassen sich damit gut würzen.

Für 1 Glas mit ca. 100 ml
Zubereitung: 10 Min.

½ EL Thymian, getrocknet (1 g)
½ EL Majoran, getrocknet (1 g)
1 Lorbeerblatt, in Stücken
10 g Rosmarin, getrocknet
5 g Petersilie, gefriergetrocknet
5 g Knoblauch, getrocknet
1 geh. TL schwarzer Pfeffer, ganz (3 g)
20 g Senfkörner, gelb
5 g Bio-Zitronenabrieb, getrocknet
10 g Paprikapulver, edelsüß
15 g brauner Rohrzucker
20 g Meersalz, grob

Alle Zutaten im Mixtopf **30 Sek./Stufe 10/mit MB** mahlen. Mit einem Küchenpinsel nach unten wischen, nochmals damit durchrühren und in ein Glas abfüllen.

Hot Magic Rub

Diese scharfe, leckere Mischung wurde angelehnt an den Magic Dust entwickelt. Sie würzt nicht nur Fleisch, besonders Rind und Schweinefleisch, sehr lecker (und scharf), sondern kann noch mehr: 1 TL davon verrührt mit 1 TL gehackten frischen Korianderblättern und 60 g weicher Butter ergibt eine fantastische Grillbutter!

Verwendung:
Für Rinder- und Schweinefleisch zum Grillen, für Ente, als Marinade auch mit etwas Öl angerührt besonders für mageres Fleisch wie Huhn. Doch man kann mithilfe von Cola oder auch kalter Brühe ebenfalls eine Marinade zum Bestreichen oder Injizieren mit einer Bratenspritze herstellen. 45–60 Min. lang einwirken lassen, dann ab auf den vorgeheizten Grill oder in die heiße Pfanne. Auch zum Würzen von Gemüse und Grillbutter geeignet.

Für 1 Glas mit ca. 185 ml
Zubereitung: 12 Min.

- 30 g Paprikapulver, edelsüß
- 15 g Chipotle-Chilipulver
- 5 g Cayenne- oder Chilipulver
- 2 TL Oregano, getrocknet
- 15 g Knoblauch, gefriergetrocknet
- 5 g schwarzer Pfeffer, ganz
- 5 g Rosmarin, getrocknet
- 5 g Senfkörner
- 5 g Kreuzkümmelsamen
- 35 g Meersalz, grob
- 45 g weißer Zucker
- 45 g brauner Rohrzucker

Alle Zutaten im Mixtopf **30 Sek./Stufe 10/mit MB** mahlen. Mit einem Küchenpinsel nach unten wischen, nochmals damit durchrühren und Rub in ein Glas abfüllen.

Bayrisch Dust

Nicht nur in Übersee werden leckere Gewürzmischungen entwickelt, auch mit einheimischen Kräutern und bekannten, überall erhältlichen Gewürzen lassen sich leckere Rubs zusammenstellen. Dieser ist bei uns sehr beliebt und passt fast überall dazu.

Verwendung:
Für Steaks aus Rind und Schwein sowie Schweinebraten (dafür evtl. mit Bier anrühren). Auch geeignet als Würzung für einen Camembert-Butter-Aufstrich, der den meisten als »Obatzter« bekannt ist. Auch gut zu Käse, Tomaten und Gemüse.

Für 1 Glas mit ca. 100 ml
Zubereitung: 10 Min.

- 1 EL Petersilie, gefriergetrocknet (2 g)
- 5 g Kümmelsamen
- 5 g Knoblauch, getrocknet oder granuliert
- 25 g Paprikapulver, edelsüß
- 5 g schwarzer Pfeffer, ganz
- 20 g Senfkörner
- 1 TL Bohnenkraut (2 g)
- 15 g brauner Rohrzucker
- 25 g Steinsalz
- 4 TL Schnittlauch, getrocknet (2 g)

Alle Zutaten bis auf 2 TL vom Schnittlauch im Mixtopf **30 Sek./Stufe 10/ mit MB** fein mahlen. Mit einem Küchenpinsel Pulver nach unten wischen, den restlichen Schnittlauch mit dem Pinsel unterrühren und Rub in ein Glas abfüllen.

WÜRZPASTEN

Indische Gewürzbutter (Tadka)

Asa foetida wird meist nur mit 70 Prozent Anteil von Bockshornklee angeboten, denn es ist ein klebriges Harz aus der Wurzel des Asant (auch Teufelsdreck) und wäre sonst sehr schwierig zum Dosieren und Würzen. Hier wird ebenfalls diese Mischung verwendet (Bezugsquellen siehe Anhang). Es beruhigt den Magen und wirkt gegen Blähungen, wie sie gern beim Genuss von Hülsenfrüchten entstehen. Der Geruch nach Schwefel vergeht beim Kochen. Asa foetida schmeckt leicht nach Knoblauch und Zwiebeln, wird jedoch allgemein besser vertragen. Aufgrund seines strengen Geruchs die Verpackung zum Lagern aber unbedingt zusätzlich noch in einen Gefrierbeutel einwickeln …

Verwendung:
In Indien wird Tadka vor allem zum Würzen von Hülsenfrüchten gebraucht. Kurz vor dem Servieren unter die gegarten Linsen, Kichererbsen, Bohnen etc. rühren, kurz erhitzen, umrühren – fertig!
Auch für Eintöpfe geeignet und zum Anbraten von Gemüse.

Für 1 Glas mit ca. 100 ml
Zubereitung: 20 Min.

2 Knoblauchzehen, gehackt
1 TL Kreuzkümmel
1 TL Anis
1 TL Kurkuma, gemahlen
5 Körner schwarzer Pfeffer
¼ TL Asa foetida
2 geh. EL Ghee (oder Butterschmalz)

1. Im Mixtopf die Gewürze **10 Min./120 °C/Stufe 1/ohne MB** rösten. Danach **5 Sek./Stufe 4/mit MB** grob hacken, dann **10 Sek./Stufe 7/mit MB** mahlen.
2. Nun das Ghee zugeben und im noch heißen Mixtopf schmelzen lassen, dann abfüllen.

Soll die Gewürzbutter auf Vorrat zubereitet werden, verdreifacht man die Zutatenmenge und füllt sie noch heiß in ein Glas ab. Erst abgekühlt verschließen und kühl aufbewahren. Mit Datumsangabe beschriften. Hält sich mindestens 2 Monate lang.

Pasta, basta!

Mit diesem Gewürz hält Italien Einzug in die Küche!

Verwendung:
Zum Würzen von jeglichen Nudelgerichten, aber auch in Tomatensugo für die Pizza, Kartoffelgerichten, Eintöpfen, zum Würzen von Fleischgerichten, Gemüse, Saucen und Suppen.

Für 2 Gläser mit ca. 200 ml
Zubereitung: 40 Min.

500 g rote Paprika
200 g Zwiebeln
150 g Knollensellerie
200 g Karotten
4 Knoblauchzehen
5 Tomaten, getrocknet
4 EL Olivenöl
3 EL Tomatenmark
1 TL Oregano, getrocknet
2 TL Petersilie, frisch
1 TL Rosmarin, frisch
1 TL Thymian, frisch
3 EL Meersalz, grob
1 TL schwarzer Pfeffer, gemahlen
1 EL Zucker
250 ml Weißwein oder Gemüsebrühe

1. Gemüse putzen, grob zerkleinern.
2. Getrocknete Tomaten, Öl, Zwiebeln und Knoblauch im Mixtopf **5 Sek./Stufe 5/mit MB** hacken. Anschließend **5 Min./120 °C/Stufe 1/ohne MB** andünsten. Nach 2 Min. Tomatenmark mitrösten. Restliches Gemüse und grob geschnittene Kräuter zugeben, **10 Sek./Stufe 5/mit MB** hacken und dann mit dem Salz, Pfeffer, Zucker und Weißwein **25 Min./100 °C/Stufe 1/ohne MB** einkochen.
3. Noch heiß in Gläschen abfüllen und verschließen. Auf den Kopf gestellt auskühlen lassen. Hält sich im Kühlschrank 2–3 Monate.

Chimichurri (Südamerika)

Fruchtig, scharf, würzig! Wenn sich Kräuter vereinen mit der Schärfe der Chili und der frischen Zitrone, kommt Südamerika auf Ihre Tafel. Vor allem im Sommer eine leckere Paste.

Verwendung:
Für Fisch, Fleisch, Steaks, Grillgemüse, Salatdressing, zu Pasta, Hähnchen, Omeletts und Eierspeisen, Quiches, auf Brot, in Eintöpfen und Gemüsesuppen, für Pilze, Tofu, Hülsenfrüchte, Bohnen, Kichererbsen, Bratkartoffeln, für die kalte und die warme Küche.

Für 1 Glas mit ca. 200 ml
Zubereitung: 12 Min.

1 Bund Petersilie, frisch
1 Bio-Zitrone
2 Chilischoten, frisch
6 Knoblauchzehen
2 TL Oregano, getrocknet
1 TL Senfkörner
5 Körner schwarzer Pfeffer
1 TL brauner Zucker
150 ml Olivenöl

1. Petersilie waschen, trocken schütteln und die Blätter grob schneiden. Die Zitrone unter heißem Wasser abwaschen, abtrocknen und die Hälfte davon auspressen. Die Schale der anderen Hälfte abreiben. Chilischoten aufschneiden, Kerne herauskratzen. Knoblauch schälen und halbieren.
2. Alle Zutaten außer dem Öl im Mixtopf **30 Sek./Stufe 5/mit MB** hacken. Dann **30 Sek./Stufe 4/ohne MB** rühren, dabei das Öl durch den Deckel einlaufen lassen.
3. Mischung in ein sauberes Glas füllen und im Kühlschrank aufbewahren. Immer mit Öl bedeckt halten. Innerhalb von 4 Wochen aufbrauchen.

Grüne Chilipaste

Diese grünen Chilis sind richtig scharf, die Paste wird also HOT! Das darin enthaltene Capsaicin ist im Übrigen nicht wasserlöslich und lässt sich nur durch mehrmaliges Händewaschen mit Wasser und Seife entfernen. Zum Schneiden der Chilischoten ist es daher ratsam, Handschuhe überzuziehen. Achten Sie darauf, sich nicht an den Lippen oder in der Augenregion zu berühren! Wer mag, kann kurz vor dem Ende des Kochvorgangs noch einen Bund gewaschenen Koriander zugeben. Die Paste muss immer mit etwas Öl bedeckt sein, beim Herausnehmen also leicht mit neutralem Öl nachfüllen.

Verwendung:
Zum Marinieren von Tofu oder Fleisch; als Basis für Suppen, für Curry- und Pfannengerichte, Asiatisches, Gemüse, Grillgut und zum Würzen von Aufstrichen, Pasta und Hülsenfrüchten.

Für 1 Glas mit ca. 250 ml
Zubereitung: 45 Min.

- 100 g grüne Thai-Chili, entstielt, in Stücken
- 1 TL Fenchelsamen
- 1 TL Koriandersamen
- 1 TL Kreuzkümmelsamen
- 20 Körner schwarzer Pfeffer
- 50 g Galgant, frisch, geschält und in Stücken
- 3 Blätter Kaffirlimette, zerrebelt
- 3–4 Knoblauchzehen, geschält (12 g)
- 2 Schalotten, geschält, in Stücken
- 85 g Kokosöl
- 100 g neutrales Öl (Distel-, Sonnenblumen- oder Rapsöl)
- Abrieb von 1 Bio-Zitrone, frisch
- 2 TL Salz
- 3 TL Rohrohrzucker

1. Chili, Fenchel, Koriander, Kreuzkümmel, Pfeffer und Galgant im Mixtopf **15 Min./120 °C/Stufe 1/ohne MB** rösten. Kaffirlimettenblätter, Knoblauch, Schalotten, Kokosöl und neutrales Öl zugeben und **10 Sek./Stufe 5/mit MB** hacken.
2. Nun **10 Min./120 °C/Stufe 1/ohne MB** rühren. Zitronenabrieb, Salz und Zucker zufügen, dann **30 Sek./Stufe 5–10/mit MB** fein hacken.
3. Paste in ein Glas abfüllen. Hält sich im Kühl schrank mit Öl bedeckt etwa 4 Monate.

Kräuterpaste

Diese Würzpaste ist geschmacklich wie inhaltlich konzentrierter als Pesto und enthält keinen Käse. Mit frischen Kräutern der Saison zubereitet, schmeckt sie himmlisch und hält sich im Kühlschrank, mit Öl bedeckt, erstaunlich lange. Immer nur mit einem sauberen und frischen Löffel etwas entnehmen! Wer die Paste noch länger aufheben möchte, kann sie auch einkochen wie bei dem Rezept für den »Zwiebelzauber« auf S. 76 beschrieben.

Verwendung:
Als Dip zu Fondue und Gegrilltem, zum Würzen von kalten und warmen Saucen, Salatdressings, Suppen, Gemüse, Aufläufen, Hülsenfrüchten, Pasta oder einfach als Brotaufstrich.

Für 1 Glas mit ca. 250 ml
Zubereitung: 15 Min.

20 g Basilikum, frisch (am besten kleinblättriges)
6 Stängel Petersilie
6 Zweige Estragon
2 Salbeiblätter
3 Knoblauchzehen
2 gestr. TL Steinsalz
6 Körner schwarzer Pfeffer
2 EL Pinienkerne (alternativ Sonnenblumen- oder Walnusskerne), nicht geröstet oder gesalzen
200 ml Sonnenblumenöl, kalt gepresst

1. Kräuter waschen, gut ausschütteln, mit einer Schere samt den Stängeln grob zerschneiden. Knoblauch schälen und vierteln. Salz, Pfeffer, Knoblauch, Kräuter und Pinienkerne im Mixtopf **10 Sek./Stufe 10/mit MB** hacken. Mit dem Spatel nach unten schieben, Öl zugeben und nochmals **15 Sek./Stufe 8/mit MB** zu einer Paste mixen. Falls nötig, Vorgang wiederholen.
2. Paste in ein sauberes Schraubglas füllen, etwas Öl daraufgeben, sodass alles gut bedeckt ist. Im Kühlschrank lagern und innerhalb von 4 Monaten aufbrauchen. Bei jeder Entnahme mit etwas Öl bedecken.

Gemüsesuppenpaste

Diese grüne Paste verfeinert nicht nur Suppen, sondern eignet sich als Grundwürzung für fast alle pikanten Speisen. Kohlsorten sollten in der Paste eher nicht mitverwendet werden, sie können Gase bilden und eine Gärung auslösen. Ansonsten kann das Gemüse variiert werden, indem zum Beispiel zusätzliche Kräuter wie Liebstöckel, Basilikum oder Oregano darin verarbeitet werden.

Verwendung:
Auf 1 l Suppe benötigt man 1–2 EL der Würze. Das Salz konserviert das Gemüse. Die Würze ist deshalb als Konzentrat zu verwenden und recht salzig! Auch für das Kochwasser von Kartoffeln, Nudeln und Reis geeignet (ca. 1 TL auf 1 l) und für Bratensaucen.

Für ca. 1 kg Paste
Zubereitung: 40 Min.

- 500 g gemischtes Suppengemüse (Karotte, Knollensellerie, Petersilie, Lauch), geputzt gewogen
- 100 g Schalotten
- 1 Stängel Stangensellerie
- 100 g Petersilienwurzel
- 2 Knoblauchzehen
- 30 g Petersilie, glatt, frisch oder Liebstöckel
- 1 Lorbeerblatt
- 120 g Meersalz, fein, oder Kristallsalz
- 30 g Zucker
- 1 TL Rosmarinnadeln, frisch
- 5 Nelken
- 15 Körner schwarzer Pfeffer
- 3 EL Olivenöl
- 1 ½ EL Tomatenmark

1. Gemüse, Knoblauch und Petersilie waschen, putzen bzw. schälen und grob in Stücke schneiden. Vom Lauch den hinteren grünen Teil entfernen. Lorbeerblatt zwischen den Fingern klein rebeln oder klein schneiden. Alles dann im Mixtopf **30 Sek./Stufe 5/mit MB** hacken. Salz, Zucker und Gewürze zugeben **und 10 Sek./Stufe 7/mit MB** mixen, in eine Schüssel umfüllen.
2. Im Mixtopf das Olivenöl **1 Min./Varoma/Stufe 1/ohne MB** erhitzen, das Tomatenmark zugeben, nochmals **2 Min./Varoma/Stufe 1/ohne MB** rühren. Das Gemüse wieder zufügen und **10 Min./100 °C/Stufe 3.5/ohne MB** erhitzen. Paste noch heiß in saubere kleine Schraubgläser abfüllen.
3. Im Kühlschrank gelagert, hält sie sich mehrere Monate. Man kann sie aber auch portionsweise (evtl. in Eiswürfelgröße) einfrieren.

Ingwerpaste süß-sauer

Verwenden Sie für diese delikate Paste möglichst jungen, frischen Ingwer. Frischer Ingwer schmeckt wesentlich fruchtiger, zitroniger und auch schärfer als getrockneter. Er ist zudem außerordentlich gesund bei Erkältungen, Magen- und Darmproblemen und Bronchialerkrankungen. Wer den Geschmack von Ingwer mag, wird diese Paste lieben!

Verwendung:
Diese Paste lässt sich sowohl in der herzhaften als auch in der süßen Küche verwenden. Sie bringt Saucen die exotische Note, verfeinert Marinaden, Currys und Eintöpfe und würzt Desserts und Eiscreme außergewöhnlich. Lässt sich gut mit Chilipasten kombinieren. Für ganz »Harte«: direkt pur auf Brot genießen.

Für 1 Glas mit ca. 250 ml
Zubereitung: 20 Min.

100 g Ingwer, frisch, geschält
1 Bio-Zitrone
70 g Gelierzucker 3 : 1
50 g kandierter Ingwer
75 g Sake (alternativ Pflaumenwein)

1. Den Ingwer in Stücke schneiden. Die Zitrone unter heißem Wasser abwaschen und abtrocknen. Die Schale mit einer Raspel abreiben, den Saft auspressen. Die vorbereiteten Zutaten mit dem Zucker und dem kandierten Ingwer in den Mixtopf geben und **15 Sek./Stufe 5/mit MB** hacken. Sake zugießen und anschließend alles **9 Min./100 °C/Stufe 1/mit MB** einkochen.
2. Paste heiß in ein Glas füllen und sofort verschließen. Auf den Kopf gestellt auskühlen lassen. Im Kühlschrank aufbewahren. Immer mit einem sauberen Löffel die benötigte Menge entnehmen. Hält sich verschlossen etwa 4–5 Monate.

Rote Chilipaste

In Asien verfügt jeder Haushalt sowie natürlich auch jedes noch so kleine Restaurant über sein eigenes, meist geheimes Chilipasten-Rezept. In der Regel wird diese frisch im Mörser mit viel Kraftaufwand zubereitet und enthält sehr viele Zutaten. Insofern kann unsere Zutatenliste nach Belieben ergänzt werden, zum Beispiel mit Koriander, Pfeffer, Galgant, Kreuzkümmel, Kurkuma (auch frisch gerieben) usw. Bitte beachten Sie unbedingt die Hinweise zur Verarbeitung von frischen Chilis bei der »Grünen Chilipaste« auf S. 69.

Verwendung:
Zum Marinieren von Tofu oder Fleisch; als Basis für Pfannengerichte, für Asiatisches, Gemüse, Grillgut und zum Würzen von Aufstrichen, Pasta und Hülsenfrüchten.

Für 1 Glas mit ca. 100 ml
Zubereitung: 20 Min.

2 Knoblauchzehen
1 Stange Zitronengras
25 g rote und gelbe kleine Thai-Chilis, entstielt und entkernt
25 g Ingwer, frisch, geschält, in Stücken
10 g Erdnussöl, geröstet
50 g neutrales Öl (z. B. Distelöl)
2 TL Rohr- oder Palmzucker
2 TL Meersalz, grob

1. Knoblauchzehen schälen. Die äußeren Blätter vom Zitronengras und den hinteren grünen Teil abschneiden. Mit einem Fleischklopfer die Stange der Länge nach klopfen (so lösen sich die ätherischen Öle), dann fein aufschneiden. Knoblauch, Zitronengrasstücke, Chilischoten, Ingwer, beide Öle, Zucker und Salz im Mixtopf **5 Min./100 °C/Stufe 1/mit MB** rühren. Dann **20 Sek./Stufe 5/mit MB** hacken. Mit dem Spatel nach unten schieben, nochmals **1 Min./Stufe 10/mit MB** zu einer feinen Paste mixen.
2. In ein Glas abfüllen. Hält sich verschlossen im Kühlschrank etwa 4 Monate. Immer mit einem sauberen Löffel etwas Paste entnehmen und mit frischem Öl auffüllen, sodass alles bedeck ist.

Zwiebelzauber

Durch die Zugabe von Äpfeln und Zitronensaft erhält dieses cremige Mus einen frischen Geschmack. Achten Sie darauf, milde Zwiebeln zu verwenden, sonst wird das Püree schnell bitter. Je nach Belieben kann es noch mit Kräutern versetzt werden (z. B. Thymian, Rosmarin, Petersilie). Durch das vorhergehende Rösten im Ofen erhalten die Zwiebeln ein kräftiges Röstaroma.

Verwendung:
Eignet sich als würziger Brotaufstrich, als Dip, als Beilage zu Gegrilltem und Kurzgebratenem sowie als Basis für Saucen, Marinaden, Suppen und Aufläufe; lässt sich gut mit Basilikum kombinieren.

Für 2–3 Gläser mit ca. 150 ml
Zubereitung: 30 Min.
Backdauer: 60–70 Min.

- 6 mittelgroße rote Zwiebeln (ca. 750 g)
- 1 Bio-Zitrone
- 150 g säuerlicher Apfel, geschält und in Stücken
- 2 Knoblauchzehen (nach Belieben)
- 120 g Kokosöl, nativ
- 4 TL brauner Zucker
- 2 TL Steinsalz
- ½ TL schwarzer Pfeffer
- ½ TL Chili, gemahlen
- 1 TL Paprikapulver, mild, geräuchert
- 1 TL Paprikapulver, edelsüß
- 1 Prise Nelken, gemahlen

1. Zitrone heiß waschen, abtrocknen. Die Schale ohne die weiße Unterhaut mit einer Reibe abnehmen, den Saft auspressen.
2. Mit den Apfelstücken, eventuell dem Knoblauch, dem Kokosöl, Zucker, Salz und den Gewürzen im Mixtopf **13 Min./120 °C/Stufe 1/ohne MB** rühren. Nach 8 Min. die Zwiebeln zugeben und den MB aufsetzen. Danach **15 Sek./Stufe 5/mit MB** mixen.
3. Kochend heiß in die sauberen Gläser verteilen und verschrauben. Auf den Kopf gestellt auskühlen lassen. Im Kühlschrank aufbewahrt, hält sich die Paste mehrere Wochen lang.

AROMAZUCKERL

Apfelpunsch-Zuckerl

Das Winterwunderland im Glas: Duftende, wärmende Gewürze versüßen uns Feierabend und Sonntag – im Advent ein Muss!

Verwendung:
Apfelsaft oder Apfelwein erhitzen (nicht kochen lassen) und pro Tasse 1–2 TL Apfelpunsch-Zuckerl darin auflösen. Auch zum Würzen von Kuchen und Desserts geeignet.

Für 1 Glas mit ca. 200 ml
Zubereitung: 5 Min.

1 EL Zimt, gemahlen
½ Muskatnuss, grob zerteilt
10 Nelken
1 TL Vanille, gemahlen oder
1 Vanilleschote, getrocknet
200 g Rohrohrzucker

1. Zimt, Muskatnuss, Nelken, Vanillepulver bzw. in Stücke gebrochene Vanilleschote im Mixtopf zusammen mit dem Zucker **20 Sek./Stufe 10/ mit MB** fein mahlen. Pulver mit dem Spatel nach unten schieben und Vorgang wiederholen.
2. In ein Glas abfüllen. Am besten innerhalb von 3 Monaten verbrauchen.

Veilchenzucker

Für diesen Aromazucker können grundsätzlich alle essbaren Blüten verwendet werden wie Lavendel, Salbei, Mohn, Rose, Holunder oder Thymian. Je nachdem, wie viel ätherisches Öl darin enthalten ist, benötigt man dafür dann mehr oder auch weniger Blüten. Ein Zuviel an Lavendel zum Beispiel bringt einen seifigen Geschmack, der die anderen Aromen schnell übertönt.

Verwendung:
Für Patisserie, Gebäck, Kuchen, zum Bestreuen von Desserts und Eis oder Früchten. Für Cocktails, gibt Salatsaucen den perfekten Kick.

Für 1 Glas mit 100–150 ml
Zubereitung: 5 Min.
Trocknungsdauer: 3–5 Std.

1 Handvoll frische Veilchenblüten (bevorzugt aromatische, dunkle Märzveilchen, unbedingt ungespritzt)
100–150 g Rohrohrzucker
¼ TL Bio-Zitronenabrieb, getrocknet

1. Die trockenen Blüten (nicht waschen) mit dem Zucker vermischen und auf einem mit Backpapier ausgelegten Blech ausbreiten. Im Backofen bei 45–50 °C mit eingeklemmtem Kochlöffel 3–5 Stunden (je nach Art der Blüten) auf der mittleren Schiene trocknen lassen, bis die Blüten ganz trocken sind.
2. Dann mit dem Zitronenabrieb in den Mixtopf geben und **30 Sek./Stufe 10/mit MB** fein mahlen.
3. In ein Glas oder ein Gewürzstreuer abfüllen. Innerhalb von 6 Monaten aufbrauchen.

Wer den Blütenzucker farbig haben will, gibt wenige Tropfen entsprechende Lebensmittelfarbe vor dem Trocknen zu und vermischt sie gut mit dem Zucker.

Chilizucker

Süßscharf ist etwas für verwöhnte Gaumen, die sich gern kitzeln lassen. Wer einen Schokoladengeschmack mag, mischt noch 1 EL reines Kakaopulver ohne Zucker unter.

Verwendung:
Über heiße Getränke, Früchte, Desserts, Eis. Für die Pralinenzubereitung, in Marmeladen, Chutneys, Marinaden, Currys und Fruchtsaucen.

Für 1 Glas mit ca. 100 ml
Zubereitung: 5 Min.

- 2 Chilischoten, getrocknet, entkernt
- 1 TL Bio-Zitronenabrieb, getrocknet
- ½ TL Zimt, gemahlen
- 2 Nelken
- 2 Pimentkörner
- ½ Vanilleschote, getrocknet
- 5 EL Zucker

1. Alle Gewürze und 3 EL vom Zucker im Mixtopf **20 Sek./Stufe 7/ mit MB** mahlen. Pulver mit dem Pinsel nach unten streifen (Achtung, staubt!). Vorgang wiederholen, dann den restlichen Zucker untermischen und alles in ein Glas oder einen Gewürzstreuer abfüllen.
2. Innerhalb von 6 Monaten aufbrauchen.

Hagebutten-Rosmarin-Zuckerl

Anstelle von Hagebutten kann man auch getrocknete Heidelbeeren, Aroniabeeren oder Himbeeren verwenden, sie müssen jedoch unbedingt hart sein, sonst schmieren sie nur. Hagebutten enthalten sehr viel Vitamin C. Außerdem stehen sie im Ruf, gegen Knochen- und Gelenkschmerzen zu helfen. Da sie hier nicht erhitzt werden müssen, bleiben alle wertvollen Inhaltsstoffe erhalten.

Verwendung:
In Fruchtsalaten, zum Süßen von Desserts und Saucen, zum Aromatisieren von Marmeladen und Gelees, in Fruchtshakes, Smoothies und Eiscreme – oder mit etwas Kokosöl verrühren und als Brotaufstrich probieren!

Für 1 Glas mit ca. 170 ml
Zubereitung: 5 Min.

15 g getrocknete Hagebutten
½ Vanilleschote, getrocknet
½ TL Rosmarin, getrocknet
2 TL Bio-Orangenabrieb, getrocknet
150 g Rohrohrzucker

1. Hagebutten, in Stücke gebrochene Vanilleschote und Rosmarin mit dem Orangenabrieb und dem Zucker im **Mixtopf 20 Sek./Stufe 6/mit MB** mahlen. Pulver mit dem Pinsel nach unten streifen, dann **30 Sek./Stufe 10/mit MB** zu feinem Puder mahlen.
2. In ein sauberes Glas abfüllen und verschließen. Hält sich mehrere Monate lang.

Ersetzen Sie beim Kochen von Pudding oder Panna cotta 1 EL des Zuckers durch 2 EL Hagebutten-Rosmarin-Zucker. Schmeckt himmlisch.

Karamellzucker

Wer liebt ihn nicht, den süßen Geschmack von Karamellbonbons? Erinnerungen an die Kindertage werden da geweckt … Karamell lässt sich auch gut aromatisieren mit Vanille (20 g weißen Zucker ersetzen durch echten Vanillezucker) oder einer Prise Zimt, Nelken, Zitronenschale usw.

Verwendung:
Über Getränke wie heiße Schokolade, Milchschaum, warme Milch; für Fruchtsalat, zum Verfeinern von Marinaden; über Eis und Parfaits, zu Puddings und Cremespeisen; zum Wälzen von Pralinen oder frisch gerösteten Nüssen; zum Würzen von Currys, Marmeladen, Chutneys, Salatdressing und Fruchtsaucen.

Für 1 Glas mit ca. 150 ml
Zubereitung: 12 Min.
Abkühldauer 20 Min.

60 g weißer Zucker
3 EL Wasser (ca. 25 ml)
150 g brauner Rohrzucker
½ TL Bio-Zitronenabrieb, getrocknet
1 Prise Zimt, gemahlen

1. Einen kleinen Kochtopf erhitzen. Den weißen Zucker darin schmelzen lassen, mit dem Wasser ablöschen und alles unter ständigem Rühren sämig einkochen, bis der Karamell goldgelb und nicht zu dunkel ist (sonst wird er bitter). Vom Herd nehmen und in eine hitzebeständige, mit Backpapier belegte Form gießen – Vorsicht, sehr heiß! –, dann auskühlen lassen.
2. Der Karamell muss jetzt knackfest sein. In Stücke brechen. Mit 75 g vom braunen Zucker und den Gewürzen in den Mixtopf geben, **10 Sek./Stufe 8/mit MB** fein mahlen. Pulver mit dem Spatel nach unten schieben und Vorgang mindestens einmal wiederholen bzw. so lange, bis die gewünschte Konsistenz erreicht ist. Restlichen Rohrzucker untermischen.
3. Falls der Karamellzucker nicht ganz trocken ist, einige Tage lang eher kühl (aber nicht im Kühlschrank) trocknen, dann abfüllen. Innerhalb von 4 Monaten verbrauchen.

Gewürzhonig

Würziger geht nicht! Hier verarbeiten wir unser feines »Pfefferkuchengewürz« von S. 49 weiter zu einem aromatisch süßen Geschmackserlebnis. Die Schokoladennote kann man nach Belieben durch die Zugabe von mehr oder weniger Kakaopulver verändern. Um die wertvollen Inhaltsstoffe des Honigs zu erhalten, erwärmen wir ihn nur ganz kurz auf die angegebenen 40 °C. Dieser Gewürzhonig ist sehr konzentriert und fest, wer ihn fließfähiger haben will, erhöht die Honigmenge auf 400 g.

Verwendung:
Als Brotaufstrich, fein in heißer Milch als beruhigendes Abendgetränk; zum Füllen von Bratäpfeln, verführerisch zum Süßen in schwarzem Tee mit Milch, in Chai oder auch für Weihnachtsgebäck und Kuchen.

Für 1 Glas mit ca. 250 ml
Zubereitung: 8 Min.

300 g dunkler, flüssiger Honig
2 EL Pfefferkuchengewürz
1 TL Zimt, gemahlen
1 EL Kakaopulver (ohne Zucker)
1 EL Mandeln, gemahlen (nach Belieben)

1. Honig, Gewürze, Kakaopulver und gegebenenfalls die Mandeln im Mixtopf **5 Min./40 °C/Stufe 1/ohne MB** erwärmen.
2. Den nun fließfähigen Honig in ein sauberes Glas abfüllen und verschließen. Hält sich mehrere Monate lang.

Himbeerzuckerl

Ein fruchtig-süßes Geschmackserlebnis. Die Himbeeren können durch die hohe Schlagkraft vom Mixtopf ganz verarbeitet werden, die Kerne müssen also nicht entfernt werden. Da sie sonst eher selten verwendet werden, jedoch als sehr gesund gelten, haben wir hiermit einen zusätzlichen Nutzen!

Verwendung:
Zum Bestreuen von Desserts, aber auch zum Würzen von Cocktails, Cremespeisen, Gebäck, Salatdressing, Eis und Fruchtsalaten oder reifen Früchten.

Für 1 Glas mit ca. 200 ml
Zubereitung: 10 Min.
Trocknungsdauer: über Nacht

30 g Himbeeren
200 g Zucker
3 Blätter Zitronenmelisse (alternativ 2 Blätter Minze)
Abrieb von ½ Bio-Zitrone, frisch

1. Die Himbeeren waschen und auf Küchenpapier trocknen lassen. Mit dem Zucker auf einen Teller geben und mit einer Gabel zerdrücken, die zerkleinerte Zitronenmelisse zugeben und alles gut vermischen. Zitronenschale daraufstreuen. Abgedeckt bei Zimmertemperatur oder im Schatten lufttrocknen lassen (je nach Temperatur und Luftfeuchtigkeit 3–4 Tage) oder im Backofen bei 50 °C Ober-/Unterhitze über Nacht auf der mittleren Schiene mit eingeklemmtem Kochlöffel. Der Zucker muss komplett durchgetrocknet und richtig krachfest sein.
2. Dann alles im Mixtopf **15 Sek./Stufe 5/mit MB** mahlen. Pulver mit dem Pinsel kurz durchmischen und nochmals **15 Sek./Stufe 10/mit MB** fein mahlen.
3. In ein Glas oder eine Streudose füllen. Innerhalb von 4–6 Monaten aufbrauchen.

Empfehlung: Bereiten Sie gleichzeitig das Himbeerzuckerl und das Himbeersalz mit Ingwer zu, beide haben gleiche Marinier- und ähnliche Trocknungszeiten, so lohnt sich der Aufwand!

Pfiffige Variante: Mahlen Sie noch 4 Körner weißen Pfeffer mit dem getrockneten Zucker, das gibt einen würzig-scharfen Kick!

Andalusischer Honigtraum

Diese exotische Honigzubereitung ist für unsere Gaumen etwas ungewohnt, doch sehr fein. Sie lässt sich auch mit anderen Nüssen wie Mandeln (geschält) oder Pinienkernen herstellen. Auch Walnüsse sind geeignet, sind aber herber im Geschmack. Diese Gewürzpaste kann man statt mit Honig auch mit Agavendicksaft zubereiten, man benötigt dann jedoch 70 g Nüsse dafür, weil dieser dünnflüssiger als Honig ist.

Verwendung:
Als Brotaufstrich, aber auch fein über Desserts, zum Beispiel mit Sahnejoghurt, Pudding oder über Fruchtsalat und Smoothies. 1–2 TL auch in Salatdressing oder Marinaden.

Für 1 Glas mit ca. 200 ml
Zubereitung: 25 Min.

50 g Pistazien (geschält, ungesalzen und ungeröstet)
1 TL Bio-Zitronenabrieb, gemahlen
½ TL Ingwer, gemahlen
½ TL Anis
1 Vanilleschote, gut getrocknet, in Stücken
250 g Akazienblütenhonig (oder Orangen- bzw. Lavendelblütenhonig)
1 EL Rosenwasser

1. Die Pistazien im Mixtopf **15 Min./120 °C/Stufe 1/ohne MB** rösten. Den Zitronenabrieb und die Gewürze zugeben und **1 Min./Stufe 10/mit MB** mahlen. Pulver mit dem Pinsel oder Spatel nach unten streifen. Den Honig zugeben und alles **6 Min./45 °C/Sanftrührstufe/ohne MB** rühren. Das Rosenwasser während der letzten Minute durch die Deckelöffnung zugießen.
2. Honig noch warm in ein Glas abfüllen. Innerhalb von 2 Monaten aufbrauchen.

Bengalenzucker

Das feinsäuerliche Ananasaroma ergibt kombiniert mit der exotischen Kokosnuss und den fruchtigen Schinusbeeren sowie dem würzigen Muscovado eine ganz besondere Mischung: einfach ausprobieren!

Verwendung:
Über Milchschaum oder Sahne auf Kaffeespezialitäten; zum Aromatisieren von Kuchen, Desserts, Shakes, Smoothies, Eis, heißer Milch, Marmeladen, Chutneys. Zum Würzen von Saucen, Marinaden und Salatdressing.

Für 1 Glas mit ca. 400 ml
Zubereitung: 20 Min.
Reifezeit: ein paar Tage

- 2 EL Kokosflocken
- 1 TL rosa Pfeffer (Schinusbeeren)
- 1 Tonkabohne, grob gehackt
- 1 Prise schwarzer Pfeffer
- 25 g Ananas, getrocknet, in Stücken
- 150 g Rohrohrzucker
- 100 g Muscovadozucker

1. Kokosflocken und Schinusbeeren im Mixtopf trocken rösten: **15 Min./120 °C/Stufe 1/ohne MB.** Tonkabohne, schwarzen Pfeffer und die Ananasstücke zufügen und **30 Sek./Stufe 10/mit MB** mahlen. Pulver mit dem Spatel nach unten schieben und durchrühren. Rohrzucker zugeben und nochmals **30 Sek./Stufe 10/mit MB** fein mahlen. Mit dem Muscovado vermischen. Sollte dieser zusammengeklebt sein, zugeben und nochmals **15 Sek./Stufe 8/mit MB** rühren.
2. Zucker in zwei kleinere oder ein großes Glas füllen. Vor dem Verwenden noch ein paar Tage ziehen lassen. Innerhalb von 3 Monaten aufbrauchen.

Orangen-Ingwer-Zückerli

Wer die Orangennote stärker betonen möchte, kann ein paar Tropfen (vorsichtig dosieren!) reines ätherisches Orangenöl (für Lebensmittelzwecke) untermischen.

Verwendung:
Teelöffelweise für Quark-, Joghurt- und Cremespeisen; in Marmelade oder Gelees zum Aromatisieren, für würziges Gebäck und Kuchen, für Eisparfaits und Sorbets, Shakes und in Milch; in fruchtigen Marinaden und (sparsam) für asiatische Gerichte wie Curry.

Für 1 Glas mit ca. 250 ml
Zubereitung: 15 Min.
Reifezeit: 2 Tage
Trocknungsdauer: über Nacht

2 Bio-Orangen
25 g Ingwer, frisch, geschält
1 Vanilleschote
250 g Zucker
½ TL Zimt

1. Orangen unter heißem Wasser gut abwaschen und trocken reiben. Schale mit einer Reibe abnehmen, Saft auspressen, davon werden 50 ml benötigt. Ingwer in Stücke schneiden.
2. Orangenschale, Ingwer, in Stücke geschnittene Vanilleschote und die Hälfte vom Zucker in den Mixtopf geben und **10 Sek./Stufe 10/mit MB** grob hacken. Restlichen Zucker, Zimt und Orangensaft zugeben, dann **10 Sek./Stufe 3/ohne MB** durchmischen.
3. Alles nun in ein verschließbares Glas füllen und 2 Tage lang ziehen lassen. Zwischendurch umrühren.
4. Dann auf ein mit Backpapier belegtes Backblech geben und im Backofen bei 50 °C über Nacht mit eingeklemmtem Kochlöffel trocknen lassen.
5. Danach in den Mixtopf geben und alles **30 Sek./Stufe 10/mit MB** mahlen.
6. In ein Glas abfüllen. Innerhalb von 6 Monaten aufbrauchen.

Kaffeezuckerl

Wir mischen Rohrohrzucker mit unserem »Pfefferkuchengewürz« von S. 49 (oder einem anderen Lebkuchengewürz) und Kakaopulver zu einem Kaffeetopping mit Wohlfühlerlebnis …

Verwendung:
Über den Milchschaum oder die Sahne auf Cappuccino, Latte Macchiato oder sogar zu Espresso ein wahrer Genuss!
Lecker auch zum Verfeinern von Kuchen, Desserts, Shakes, Smoothies und heißer Milch.

Für 1 Glas mit ca. 100 ml
Zubereitung: 3 Min.

1 EL Pfefferkuchengewürz
2 EL Kakaopulver ohne Zucker
75 g Rohrohrzucker

1. Pfefferkuchengwürz, Kakaopulver und Zucker im Mixtopf **15 Sek./Stufe 10/mit MB** fein mahlen.
2. In ein Glas oder einen Gewürzstreuer abfüllen.
3. Innerhalb von 3 Monaten aufbrauchen.

Bezugsquellen

Kampot-Pfeffer, Vanille (Schoten und gemahlen), Macisblüten (ganz): www.madavanilla.de

Asa Foetida: www.dragonspice.de

Selleriesamen: www.bremer-gewuerzhandel.de

Tonkabohnen: www.tali.de, www.dragonspice.de

Bildnachweis

S. 10, 25, 26, 27, 28, 29, 31, 32, 33, 39, 42, 47, 52, 53, 55, 57, 58, 59, 61, 62, 73, 75, 76, 80, 85, 87, 88, 89, 91: © Karl-Heinz Engler; S. 18: Julia Sudnitskaya/Shutterstock.com; S.19: La_vanda/iStockphoto.com; S. 20: Tobif82/Fotolia.com; S. 21: Hetizia/Fotolia.com; S. 22: Annalleysh//iStockphoto.com; S. 23: Tanja/Fotolia.com; S. 24: Szakaly/iStockphoto.com; S. 34: sonnenflut products/Fotolia.com; S. 36: NCAImages/iStockphoto.com; S. 37: Artem Shadrin/Fotolia.com; S. 41: rozmarina/iStockphoto.com; S. 43: HLPhoto/Fotolia.com; S. 45: Heike Rau/Fotolia.com; S. 48: Sonja Calovini/Fotolia.com; S. 49: seregam/iStockphoto.com; S. 50: goldbany/Fotolia.com; S. 65: Zoryanchik/iStockphoto.com; S. 67: Corinna Gissemann/Fotolia.com; S. 68: tbralnina/iStockphoto.com; S. 69: pinkomelet/iStockphoto.com; S. 70: zoryanchik/Shutterstock.com; S. 71: Kitty/Fotolia.com; S. 78: TeresaKasprzycka/iStockphoto.com; S. 79: HeikeRau/iStockphoto.com; S. 81: K.-U. Häßler/Fotolia.com; S. 82: emuck/Fotolia.com; S. 83: lovelymama/Fotolia.com

Weitere Titel der Reihe

Auch als **E-Book** erhältlich

Elisabeth Engler
Marmeladen, Gelees und Chutneys aus dem Thermomix®
Die 55 besten Rezepte

96 Seiten
9,99 € (D) | 10,30 € (A)
ISBN 978-3-7423-0154-3

Elisabeth Engler
Limonade, Sirup und Slush aus dem Thermomix®
Die 70 besten Rezepte

96 Seiten
9,99 € (D) | 10,30 € (A)
ISBN 978-3-7423-0166-6

Auch als **E-Book** erhältlich

Auch als **E-Book** erhältlich

Elisabeth Engler
Weihnachtsgebäck aus dem Thermomix®
Feine Plätzchen, Stollen und Lebkuchen schnell gebacken

96 Seiten
9,99 € (D) | 10,30 € (A)
ISBN 978-3-7423-0139-0

Weitere Titel der Reihe

Auch als **E-Book** erhältlich

Elisabeth Engler

Die besten Hausmittel selbst gemacht aus dem Thermomix®

Kräutermedizin, Wickel und Heilsalben für die ganze Familie

112 Seiten
9,99 € (D) | 10,30 € (A)
ISBN 978-3-7423-0311-0

Charly Till, Janosch Engler

Hundefutter aus dem Thermomix®

Die besten Rezepte für gesunde Vierbeiner

96 Seiten
9,99 € (D) | 10,30 € (A)
ISBN 978-3-7423-0164-2

Auch als **E-Book** erhältlich

Auch als **E-Book** erhältlich

Charly Till

Aufstriche aus dem Thermomix®

Die 75 besten Rezepte

96 Seiten
9,99 € (D) | 10,30 € (A)
ISBN 978-3-7423-0165-9

riva